二战浪漫曲 WORLD WAR II ROMANCE

二战·将帅的婚姻生活

◎李乡状／编著

GENERALS MARRIAGE

团结出版社

图书在版编目（CIP）数据

二战·将帅的婚姻生活 / 李乡状编著. -- 北京：
团结出版社, 2014.1（2022.1重印）
ISBN 978-7-5126-2322-4

Ⅰ.①二… Ⅱ.①李… Ⅲ.①长篇小说—中国—当代
Ⅳ.①I247.5

中国版本图书馆CIP数据核字(2013)第308202号

出　　版：团结出版社
　　　　　（北京市东城区东皇城根南街84号　邮编：100006）
电　　话：（010）65228880　　65244790（出版社）
　　　　　（010）65238766　　85113874　　65133603（发行部）
　　　　　（010）65133603（邮购）
网　　址：http://www.tjpress.com
E-mail：zb65244790@163.com（出版社）
　　　　　fx65133603@163.com（发行部邮购）
经　　销：全国新华书店
印　　刷：三河市燕春印务有限公司

开　　本：710毫米×1000毫米　　16开
印　　张：15
字　　数：170千字
版　　次：2014年1月　第1版
印　　次：2022年1月　第3次印刷

书　　号：978-7-5126-2322-4
定　　价：68.00元

前言
■QIANYAN

在第二次世界大战中，世界反法西斯斗争的舞台上留下了许多可歌可泣的动人故事。从元帅到士兵，人们同仇敌忾，为着民族和人民的利益和正义的事业，不惜抛头颅、洒热血，与敌人奋战到底。他们当中有隐秘战线的无畏英雄，有在正面战场上奋勇搏杀的热血男儿，有统帅千军万马的睿智将领，也有策动局势的领袖元首。那些发生在他们身上种种带有传奇色彩的事件至今仍然广为人们所传颂，战争的铁血和历史的壮阔更是为这些曾经的故事增添了一份令人回味无穷的浪漫。

客观来说，"二战"的发生是人类历史上的一场浩劫，它使全世界大多数地区的国家都遭受到了战火的洗礼，令无数军民饱尝了它所带来的磨难；然而，"二战"的胜利却又无疑是人们一次无可比拟的伟大成就，是它将全世界人民团结战斗打败法西斯军国主义的胜利与和平的丰碑，永远树立在了历史的漫漫长路上，父辈的血汗与呐喊凝聚在这里，为我们这些后人留下了一处值得永远敬仰和继承的精神——在亚洲、在非洲、在欧洲，世界各国人民团结在反法西斯同盟的旗帜下展开了对德、意、日、法西斯轴心国的殊死战斗。从1933年到1945年，世界范围内的反对法西斯斗争此起彼伏。终于，正义战胜了邪恶，向往和平与正义的人们赢得了最后的胜利。

在二十一世纪的今天，那段历史已然离我们远去了，曾经高呼的口号被淹没在平淡的生活当中，战火的痕迹被新建起的楼房与街道所掩盖。战争的记忆从我们身边消失已久，然而，即便如此，今天的我们也仍然能够不时从书籍、报刊和人们的口耳相传中听到那些似乎已经远去的名字与词语：敦刻尔克大撤退、不列颠空战、斯大林格勒保卫战、解放波兰、攻陷柏林……这些泛着陈旧之色的字眼或许被提及的时候给人的感觉或许已经不能像几十年前那样容易引起热血的激荡和讨论的兴味。但是当我们翻开书本，重新咀嚼起它们身后的那些故事，胸中却还是无法抑制地会泛起对历史那份无尽浩荡与雄浑奥壮的回味悠长。

是否还记得，莫斯科郊外以血肉之躯抵挡坦克的最后呐喊；敦刻尔克海岸上为同袍撤离而顶着炮火与炸弹袭击的顽强阻击；在伦敦上空对敌人如黑云般压来的轰炸机群从飞机炮口中喷出的怒火；昔日北非名将隆美尔与蒙哥马利率领部队殊死作战的阿拉曼战场上，如今伴着双方遗留下来无数地雷形成的"魔鬼花园"的，只有在沙漠公路两旁绵延久远的无名战士墓……

麦克阿瑟曾经说，老兵不死，他们只会渐渐湮没(在人群中)。当战争离我们远去之后，那些与战争有关的人们和他们的事迹也被生活中更加贴近我们的种种信息所渐渐掩去。而事实上，无论辉煌抑或黑暗，这些值得了解的过往都不应该在我们的记忆中以一个毫无内容的名词的形式一直蒙尘，直到死去。从这些故事当中，我们能够学习和获得许多生活中可能永远无法接触到的智慧，以及情感。

本书通过对历史史实的详细阐述，从战争的过程当中甄选出一系列不同身份的角色。通过从不同的角度，不同的立场和不同的身份进行讲述和介绍，使一大批鲜活的人物跃然纸上，他们的事业，生活，伴侣，友人，仇敌以及经历都以一种更加贴近人性的视角被展现出来，便于读者们更好地带入到角色的感受当中去，更贴切地去解读和掌握书中所介绍的这些活跃于那个特殊年代的人们。

本套丛书当中不仅介绍了我们时常听闻的那些在第二次世界大战中声名在外的著名将领和领导人的事迹和经历，也包含了对那些工作在隐秘战线，工作在敌人心藏中的无名英雄的描写，让我们能够从更全面的角度来对二战时代的局势与当时不同阵营和国家人们的世界观进行了解，相辅相成地为每一位相关的人物在印象中描绘出一个更加贴近现实的生活与境遇背景，还原出一个个与历史百科介绍中那些冰冷文字构筑下不一样的人物形象。

本书力求以历史原貌真实再现历史史实，呈现在读者面前。如果存在某些描写过甚或与真实历史出入之处，敬请各位读者朋友批评指正。

2013.12.26

目录
MULU

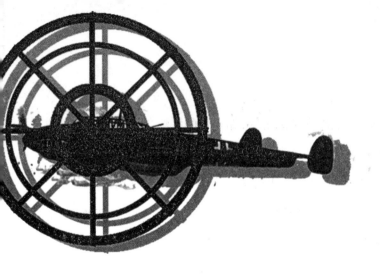

隆美尔

战争留给人的除了炮声和硝烟之外，那满目的疮痍也反衬出了战争的残酷。在战争的史册当中，第二次世界大战所占据的篇幅是最多的，它是人类的一场浩劫，无数的生灵都被牵扯到这场劫难当中。在这场世界历史上规模空前浩大的战争中，涌现出了许多优秀的军事将领。被人们称为"沙漠之狐"的约翰内斯·埃尔温·尤金·隆美尔在"二战"期间是德国的名将，在当时的德国将领中，他以骁勇善战而且诡计多端著称。

德国是"二战"的发动者，为了争取巨大的利益，不惜把全世界都纳入到战争的行列中，而隆美尔作为战争的始作俑者希特勒手下的一名将领，他的双手也同样沾满了血腥，犯下了种种难以宽恕的战争罪行。但是从军事层面来看的话，隆美尔在第二次世界大战的种种表现，还是可圈可点的，他在北非战场上出神入化的指挥能力，即使是作为对手的盟军统帅也不得不赞叹，给予他"沙漠之狐"的评价。

在诺曼底登陆之后，戎马一生的隆美尔折返欧洲，并开始反思战争，在他不断反思过程中，逐渐体会到和平的重要性，这段时间也成为了他一生中最惬意的回忆，这是他一生中真正走向正义的时刻。

在隆美尔精彩纷呈的一生中，妻子露西是他生命中重要的一部分。他对待妻子至死不渝，虽然他们总是聚少离多，但是他们却创造了奇迹，频繁于战场与隆美尔家之间的信件是他们精神的寄托。在他生命就要终止的时候，为了家人，为了妻子，他毅然选择了悄然"离去"。

战地鸿雁传递相思情

德国有一个名为海登海姆的小地方，对于这个地区，1891 年 11 月 15 日，似乎是个平常的日子，而对于隆美尔家族来说，却有着特殊意义。因为这个家族中又增添了一个新生命，他就是隆美尔家族的第二出生的儿子。

少年时期的隆美尔，从没有奢望过自己能够在军营中立足，热爱机械学的隆美尔希望自己能够成为一个维修飞艇的工作人员。身体病弱的隆美尔总是幻想能够得到特殊照顾，免去他的体育课。上帝虽然没有给隆美尔超强的体力，但却给了他过人的智力。

军国主义盛行的德国，每个有志向的年轻人都想成为一名出色的军人，当然，这其中不包括隆美尔。尽管隆美尔对于进入军队不太感兴趣，但隆美尔的父亲以一个教育工作者的独特眼光觉得，隆美尔更适合军旅生活，同时从军的儿子也可能有机会改变家族目前并不显赫的地位。

在隆美尔 18 岁的时候，他成为一名士兵。但一切并不像隆美尔父亲想的那样顺利，在进行体格检查的时候，医生发现隆美尔有腹股疝，其他方面均属正常。老隆美尔当然不允许这点小问题来影响他儿子的前途，于是立刻决定让儿子接受手术。

康复出院后不久，隆美尔来到了他要参加的步兵团。从此，他让自己的余生都和军队联系在一起，也在这里获取了他人生的辉煌。隆美尔在军事领域取得的成就，得到了包括对手在内的所有人的肯定，他似乎天生就属于军队，而他的人生轨迹也因此发生了变化。

在德意志帝国,军官的选拔制度是十分严格的,普通士兵是不能一上来就直接做军官的,这样的机会只属于那些从军校中走出的贵族子弟。隆美尔进入军队的时候,正恰逢德意志帝国开始扩大军事实力。随着不断地扩充兵力,军官的空缺也越来越多,于是,军事院校便接收了一批不同阶层出身的人,选拔军官的标准也降了下来,隆美尔就是这群人中比较幸运的一个,他赶上了这个好时机。

隆美尔虽然不是自愿当兵,但天性聪明的他在军营中表现却是极其突出的。在参军3个月之后,他就升为了下士,很快又升到一名军士。时间到了1911年3月,隆美尔进入了一所著名的军官学校,隆美尔也将开始一段风云际会的军人生涯。

事情总是有那么些因缘巧合,在但泽,隆美尔不但学习了军事知识,还遇到了一生的爱人。在学习期间,隆美尔时常光顾很多舞会,在一次军官舞会上他被一位体态优美、容貌姣好的姑娘吸引了目光,而这位美丽的姑娘就是露西·玛利亚·莫琳。

露西与隆美尔的年龄相近,正值青春花季,身上充满了蓬勃的朝气,以至于刚一见到露西的隆美尔就深深地迷恋上她。露西是一位典型的古典美女,黄色的长头发带着自然的卷曲柔顺地散落下来,拥有一双穿透力惊人的眼眸。

总之这个德国姑娘是那么的妩媚动人,隆美尔似乎对她的一切都那么着迷,高挑的身材,姣好的皮肤,天生丽质的面容,温暖的笑容。他们第一次在舞会上相遇,隆美尔就认定这就是他一生的伴侣。

露西的家庭和隆美尔差不多,并不是德国上层的达官贵族,和隆美尔的父亲一样,露西的父亲曾经也做过中学的校长,但是当时已经去世了。她也是到但泽这个地方来求学的,在这里学习语言学。活泼开朗的露西总是能和周围的朋友们融洽地交谈，对于隆美尔的出现她似乎显得有些抗拒，不苟言笑的隆美尔在露西看来是不怎么可爱的。

隆美尔自从在舞会上对心系露西之后就展开了强烈的爱情进攻。露西的不积极他是能够感觉到的，但是隆美尔已经认定了露西，他相信在她了解了自己之后一定会被他的真诚所感化的。于是，隆美尔就总是能那么巧合地出现在路西的身边，总是那么巧合地与露西有共同的话题，并慢慢地开始彼此熟悉，露西也不再对隆美尔表现那么大的抵触了，隆美尔的真心终于在几个月之后被心爱的人所理解，露西接受了隆美尔，他们热烈地相爱着。

在他们的回忆中，那段在但军官学校过的浪漫时光是隆美尔和露西最美好的片段。初恋的两个人总是在争取尽可能的机会去约会，他们沿着美丽的河边散步；在月色下的海港边互相地表露着爱慕的话语；在街边的咖啡馆中谈论着一些有趣的事情，或者一起去参加庆祝丰收的狂欢舞会，与很多人一起围着燃烧浓烈的篝火跳一些圆圈舞。

将军的爱情修成正果

在隆美尔和露西的恋情打得火热的时候,隆美尔在但泽的学业也结束了。这对恋人不得不暂时的分开,彼此的相思之情只能通过书信传达,这种情感上对彼此的忠贞并不是没有回报的,最后,经过 5 年的恋爱,两人于 1916 年 11 月 27 日结婚。在那个迷人的小河边,露西穿上了雪白的婚纱,当上新娘的露西是那么风情万种。对于一个女人,露西找到了倾心相爱的丈夫,这是她最为满足的事情。婚礼上他们得到了所有人的祝福。

军人的生活总有那么多的不得已,婚后的隆美尔对妻子感觉亏欠很多,他没有时间陪伴在妻子身边,没有办法关心家里的琐事,没有尽到一个父亲的全部义务,甚至在婚礼后都没有好好的陪妻子一起度蜜月。

飞鸽传书的婚姻

与所有军人一样，隆美尔和露西在婚后也经历了聚少离多的日子，但是，他们从没有停止过书信往来，哪怕是在即将奔赴战场的时候，隆美尔也会写信报个平安。

隆美尔和露西的婚后生活几乎是被一封封信件摞起来的，在硝烟弥漫的战场和宁静的乡间，往来的信件成为了他们彼此间的寄托。隆美尔和露西之间频繁的信件往来，不禁让人好奇信里的内容。在看过他们的通信后或许你会有小小的失望，因为隆美尔在信中的话语可以用枯燥乏味来形容，语法也是离奇的古怪，最致命的是他总是重复以往的话。通过研究他与露西两人的信件，就会发现，隆美尔渴望承担责任，盼望得到别人的赞许，当然也更希望获得更多的勋章以证明自己的价值。

在斯图加特期间，隆美尔率领的步兵团停驻在一座修道院中。他除了负责士兵们的日常军事训练外，还向士兵们灌输德意志帝国会成为世界最强大的国家的思想，在他的描述中这个帝国的社会制度、国家制度以及社会结构是那么的完美。事实上，隆美尔在向手下的军士传递这种思想的同时，也是在不停地加强自己的信念。

生活中，隆美尔几乎没有不良嗜好，他几乎过着禁欲者般的生活。隆美尔训练军士之余，很长时间都跟露西写信传递情感。后来，当他成为举世瞩目的名将后，收到了很多女人的邀请信，他还风趣地告诉露西："如果在我年轻的时候能收到这么多女人的邀请信就好喽！"

时间总是在不经意间溜走，在萨拉热窝事件发生后，德皇威廉二世立即怂恿奥匈帝国向塞尔维亚开战，同时德国很快就宣布德国进入 备战的紧急状态，第二天便宣布动员全国力量，第一次世界大战的战火也开始燃烧起来。

在一战爆发前，隆美尔一直在乌尔姆服役。乌尔姆是德国的一个小镇，既没有纷争又美丽。在那期间偶尔的他还会回到家里和露西见面，感受一些家庭的温暖。

他总是很享受回家的日子，作为一个长年外出的丈夫，他带着愧疚的心去呵护妻子。在家的日子他会带着妻子去感受运动的快乐，隆美尔极其的喜欢运动，在运动场上的大汗淋漓是他最轻松的时刻。

和许多其他军事将领不同，隆美尔一直都是以身作则，无论在执行任务还是平时训练中，他都冲在最前面。在他的字典里，进攻是一个部队的最高准则。他曾经说过，无论在什么样的情况下，你们都会在最前方找到我的身影。这一点不是所有指挥官能够做到的，离前线越近，距离死亡也越近。

由于隆美尔在战斗中的出色表现，德皇授予他一枚奖章表彰他的功劳，这枚勋章的获得明显是对隆美尔军事才能最有力的认可。德皇威廉二世在嘉奖令，对他在战斗中的功劳大加赞赏。不过隆美尔更愿意将这枚奖章当做是由蒙特山战斗所获得的。

德军在"一战"后期逐渐失去了战争的优势，一些军队只能整日待在防御工事里,隆美尔所在的集团军目前就处在这样的状态中,他们为了避免不必要的伤亡,需要整天地守在堑壕里,与沟壑、泥土为伍。直到一战结束,才结束他们这种不见天日的日子。

这场持续四年多的残酷战争,造成了大量的人员伤亡,无数的村镇、田园被破坏掉,而历经战火洗礼的将士们有的却成为了杰出的军事家,隆美尔就是其中之一。

隆美尔在经历了四年的战火洗礼,无数次残酷地厮杀后,变得越发成熟稳重,独特的战术风格也越来越成熟。他的战术风格是:先发制人,强调渗透敌后动乱敌人军心,充分地发挥火力优势。他的骁勇坚强,狡诈多谋,以及他视荣誉为一切的性格,使得一战的硝烟都没法遮挡他所散发出的锋芒。

一战过后,德国军队数量大减,隆美尔被调到斯图亚特担任连长,而且在那里呆了许多年。隆美尔是个不能忍受清闲的人,除了日常的军事操练外,还在不断地充实自己多方面的能力。在斯图亚特的日子里,他学习了很多新的军事技术和知识,研究过枪械,拆卸过摩托车,也了解了许多地方的风土人情和人文环境。

隆美尔十分喜爱运动,总是强调运动的重要性。本就喜欢运动的露西甚是高兴,他们总是一同前往运动场,体育场所总能看到他们夫妇的身影。隆美尔的变化不仅使他的家庭多了些快乐的元素,同时也为他日后的战场生活奠定了基础。

对于自己的妻子,隆美尔很愧疚,由于职业的关系,他陪伴妻子的时间总是很短,因此他对露西百般宠爱,甚至是溺爱。当隆美尔从战场上回来时,露西已经褪尽稚嫩,成为了一个仪态大方、相貌端庄、雍容华贵的美丽女子了,但是露西甜美的微笑和笑声依旧如故。露西有一种支配隆美尔的天生欲望,但这种力量不是控制,她很崇拜隆美尔,并且很疯狂。

隆美尔深深的爱着露西,并给予她无微不至的照顾,在隆美尔的宠爱下,露西变得有些任性起来。如果露西讨厌某个朋友,那么露西的其他朋友必须也要讨厌和排斥那个女人,否则她的心情就会感到不快,在朋友中间她就像是一个女王,稍有不顺心的事情就会表现出来。

其实露西的性格之所以变成这样,最主要的原因就是隆美尔,因为隆美尔的溺爱,他把露西宠坏了。1944年,隆美尔的属下高斯和他的妻子为了工作之便不得不借住在隆美尔的家中。一次,露西和高斯的妻子发生了不快,露西不可遏制地大吵大闹,事后隆美尔竟解除了高斯的参谋长职务。

隆美尔一个如此纯粹的军人,竟然为了露西做出了这样幼稚的事情,事后他也为此付出了生命的代价,谁都不会想到,这场小小的纠纷会最终导致隆美尔的悲剧。

一战后的十几年中,隆美尔和露西过着神仙眷侣般的生活,他对妻子的宠爱只增不减,二人总是携手到各处旅行。这段时间也是他们在一起最长的时间,几乎每一天他们都可以聚在一起。

在一次旅行中,发生了一件令两人欢喜的事情,那就是露西怀孕了。当时隆美尔刚好赶上假期,陪着露西一起去意大利游玩,就是在这次旅途中,因为露西总是干呕,最后去医院检查才发现,露西怀孕了。

得知妻子怀孕的消息后,隆美尔对露西更是呵护备至,而且特意请了长假陪伴露西。在1928年圣诞前夕,两人的第一个孩子降生了,取名曼弗雷德,隆美尔就只有这么一个孩子。虽然三口之家的生活很简朴,但是格外的安静舒适。由于小家伙的降生,露西和隆美尔的生活都围绕着小家伙展开,孩子的一举一动都牵挂着两个人的内心,而初为人父、人母的两人由于没有任何经验,为此还闹出了不少的笑话。

矛盾的隆美尔

隆美尔是一个很矛盾的人，当时认识他的军官和士兵们都认为隆美尔是对太太呵护备至的人，他烟酒不沾、也不花心。但是在一名作家写的隆美尔传记中，隆美尔除了露西妻子外还有一个别的女人，而且还为他生了一个女儿，名叫格特鲁德。

隆美尔从未公开过他与这对母女之间的关系，但是他总是对她们的生活十分照顾，他经常写信给这个女儿，但是署名都是埃尔温叔叔。隆美尔的这段感情隐藏的很好，他的儿子曼弗雷德也是在他死后才知道他还有这么个姐姐。但是这都些消息的真假至今也没有证实。

事实上，隆美尔的矛盾性格在很早的时候就有体现。隆美尔小的时候非常想当一名工程师，但是这个想法遭到他父亲的反对，他父亲决定让他去参军，没有办法，他只能听从父亲的安排。曼弗雷德曾经这样形容他的父亲："原本我父亲是个爱幻想，骨子里是柔弱的人，只是军队和战场把他锻炼得如此坚强了。"

此外，在一战中，身为军人应有的素质他发挥地非常透彻，但是他也经常会做一些违背军人守则的事情，比如违反命令，或者不遵守军纪。

隆美尔对于德国军队的奖励机制一直难以忘怀。在德军成功占领马塔尤尔山峰后，曾经向有功的将领颁发了勋章，许多军官都获得了这枚勋章，但是作为打下这个山头部队的领导者的隆美尔却什么都没得到。对于一生都在不断地为荣耀而奔波，渴望被人们认可的隆美尔而言，这是不可忍受的屈辱,为此他向更高的指挥官和参谋部提出了异议。

1932年,德国国内局势十分动荡,由于种种原因使得社会失业人数不断地增加,纳粹分子变得异常活跃。1933年初,纳粹分子夺得德国政权,欧洲乃至整个世界的不幸也由此开始了。也就是在这一年,隆美尔和裁断他最终结局的人物希特勒在柏林相遇了。

隆美尔和希特勒的相遇改变了他的一生,同时也改变了整个世界的进程和发展。隆美尔是一个恪尽职守的职业军人,虽然他从不参与政治,但是他也有他自己的人生观点和态度。

隆美尔的儿子曼弗雷德对于父亲的职业一直都处在懵懂的状态中,直到长大以后,他才渐渐了解父亲的职业和职责,也明白了为什么父亲总是不能在家陪自己的原因。当曼弗雷德好奇地向父亲询问战争是什么样子的时候,隆美尔脸上似乎多了一丝痛苦。但是为了回答自己儿子的问题,隆美尔给儿子画了一幅画,画中到处都是残破的房屋,哀嚎的人群,滚滚地黑烟以及暗红的血水。这幅画也让曼弗雷德第一认识到战争原来是这么的恐怖,这么的残忍。

实际上,隆美尔并不是一个战争狂人,隆美尔更是渴望以一种宽容和合法的权力来处理犹太人的事件。由此能看出,隆美尔对类似屠杀这样的"战争"是充满厌恶的。

隆美尔在一个山区当了短暂的营长后,被派到波茨坦的一家军事学校担任教官。接到任命的隆美尔十分兴奋,对于这个德国人心目中的军事摇篮基地,他有着异乎寻常地向往,能够成为那里的一名教官将是他人生十分荣耀的一件事。他马上给妻子露西写信,告诉她这一任命,让露西到波茨坦来,不要告诉其他人,因为现在这份任命还是绝密的。

除了教导这些学员外,更让隆美尔开心不已的就是露西也搬来了这里。他们两人就住在学院附近的一个小房子里,虽然房子很小,但是经过露西仔细地收拾、布置后,变得很整齐、干净,充满了家的温馨。他们二人过着清闲自在的幸福生活。

除此之外,隆美尔还花费尽可能多的时间教育曼弗雷德,希望自己的的诸多缺憾能在孩子身上弥补回来,教他骑马、游泳。曼弗雷德和隆美尔教导的其他学员一样,每天也要接受他的严格训练,甚至比训练他的学员要更为严格。

在对于士兵的训练课程中,身体素质是隆美尔特别看中的一点。在隆美尔看来,拥有良好体魄是成为军人最起码的素质。因此,在隆美尔的教程内总是有许多身体素质训练课程。虽然一些学员对于他的课程安排存在异议,但在隆美尔严厉的批评后,他们也只能顺从地服从教官的命令。唯一能让这些学员们比较欣慰的是,隆美尔和他们一样,讨厌穿着穿着奇特的参谋官员。隆美尔把他们看作是人性的大理石,外表光滑,内心冰冷,而且心狠手辣。

像所有的夫妻一样,隆美尔和露西也会产生矛盾。隆美尔曾经购买了一幅拿破仑画像,每天都会注视欣赏,将这个差点一统欧洲的人物视为自己的目标。但是他的这一个举动却遭到了露西的不满,因为露西认为这是对她的轻视,于是露西也去买了一幅画,她把德国一位伟大皇帝的肖像放在他们房间,弄得隆美尔尴尬不已。

尽管生活上磕磕碰碰,但是两人生活的十分平静。对于隆美尔而言,这段时期也是他人生中难得一段平静时期。在此后的战场上,他总是能够回想起他和露西两人漫步在学院的大树下、草地上的情景,它是那么的温馨和宁静。

细心的妻子

眼下有一个新的职务正等待着隆美尔。因为纳粹元首希特勒已经开始行动了,现在他要吞并奥地利,于是决定让隆美尔去一个军官学校担任司令官一职。

隆美尔到任那天并不是什么好日子,甚至可以说糟透了,就在前一天,纳粹分子公开抢劫和屠杀犹太人。所以隆美尔上任的这一天正是纳粹德国因迫害犹太人得到满足而为此狂欢的第二天。当时,隆美尔一家三口住在一个平房内,这里和那家军事学院的距离不是很远。房子附近有一个大花园,附近便是军官候补生学校校舍。

在这里虽然社会环境十分混乱,但是隆美尔的一家住在学校里面还是比较安全的。这里只是他们暂时的一个住处,作为一个军人的妻子,露西深深地知道这一点,但是露西依然把它布置得像一个家,很温馨的家。隆美尔每天在军校里忙碌着,但是晚上这里是他最温暖的地方。

希特勒野心勃勃,意图把家军事学校办成世界最强的一家。隆美尔留给希特勒记忆最深刻的一点就是他的恪尽职守。因此,希特勒前后两次派隆美尔领导他的不时改变位置的指挥部,可见希特勒对隆美尔的信赖。

1939年3月,当亲德的斯洛伐克的地方政府被解散后,希特勒下令德军进入战斗状态,出动军队占领捷克,同时成立了由他直接统领的总部。深受希特勒信赖的隆美尔担任该总部的司令官,并建立起他的第一批部队——"元首随从营"。德军占领捷克的战斗不费吹灰之力,纳粹德国都沉浸在这种胜利的喜悦中，但是隆美尔和希特勒都不会想到，这次占领将是他们一生里最后一次不动用武器的占领，以后的日子里，硝烟和炮火会陪伴着两人。

接连的胜利，迷惑了隆美尔的判断，他相信希特勒的决议一定不会错的，从对布拉格的入侵来看，希特勒是个有胆识的人，希特勒的形象在隆美尔的心中越发高大起来。

按照原定计划，隆美尔和希特勒在捷克的边境会和。在所有的军队都顺利会合后，有人建议希特勒就这样直接乘车直接进入布拉格，以此来显示眼下谁才是这个区域真正的主宰者。

后来，隆美尔的朋友汉斯表示他曾对自己说过是他亲自劝希特勒去布拉格的。在隆美尔的带领的护卫队的保护下，他们一路到达哈拉德克尼城堡，而且沿着那里的道路直插那个国家的首都——布拉格要塞。"

在部队即将进入布拉格的那天夜晚，隆美尔按照惯例给露西写了一封信，信中除了表示自己这里一切都很顺利，还对露西的体贴表示了感谢，因为如果不是露西给他准备足够了御寒的衣服的话，那么现在或许将是另一番情景了。

隆美尔跟随希特勒的这短短的一段时间里，亲自见证了希特勒两次不动用武力就获得大片领土，一次是吞并奥地利，还有就是这一次占领捷克。这使得隆美尔对于这位能够兵不血刃就取得胜利的元首充满了崇拜之情。

最初，隆美尔相信身为一国元首的希特勒会信守自己的诺言，但是他很快注意到，反对波兰的声音在纳粹报纸上越来越响亮了，同时关于边境那些所谓的"事端"的报道也与日俱增。隆美尔知道，希特勒要对波兰下手了，这一切都是为了后续的阶段做准备而已。当然，这一切都是隆美尔自己的猜测，不过这份猜测很快就应验了。

对于即将到来的战斗,隆美尔和其他军官们都很兴奋。自从一战结束后,德国战败,他们这些军人没有了用武之地,每天也只是在进行着无聊的军训,毫无实战性可言。这次对波兰的战争将是他们显示身手的机会。

但泽市是一个有讨论空间的城市,他和露西都对这个城市有些眷恋的情节。他们从相识到热恋,都是在但泽这座浪漫的城市。当时的但泽是属于德国的,只是在一战后它才变成了"自由市"。所以,隆美尔之前虽然很期待能参加这场战争,但是他更希望这次战争不要拖得太久才好。

虽然跟了希特勒很久,过了一段十分享受的日子,但隆美尔的兴趣还在军事上,他迫切希望能够指挥一个装甲师。由于当时的陆军司令认为他经验不足,没有同意。隆美尔没有办法,只有将他的这个愿望直接告诉了希特勒,这时的希特勒对隆美尔已经是非常看重了,于是,隆美尔得到了希特勒的首肯,自此,他的军事生涯来了辉煌的时刻。

隆美尔曾在山地部队担任职务,在山地任职的几年里,他掌握了大量的作战经验,因此,他相信自己有能力带出一个精锐的装甲师。

在波兰战役期间,他发现自己患有心脏病,病情也很是不稳定,有时就会感到眩晕。为了避免让家人担心,他只对妻子露西谈及了自己的病情。露西担心他的病情再继续恶化下去,特地带给他一大袋卵磷脂。不过药物对隆美尔的病情并没有起到良好的效果,不过,他自己每天清晨进行的慢跑锻炼却有效地控制了病情。

在隆美尔的意识当中,认为拥有良好的身体素质对于军人来说是十分必要的,因为即使是再先进的武器也需要人去操控才能运转,同时,他也感到了自己肩负的期望的重大。为了能够训练出一支精悍的部队,他决定首先应整改士兵的生活习惯。

他的首个行动就是给整个部队的军官们放假,用他的话来讲就是在他还没有完全了解每个士兵之前,不需要任何人对他们再次的塑造。为了能更好的指挥和了解这支装甲部队,每天早上,隆美尔总是早早的就来到了士兵的营房,深入到士兵中间,和他们一起训练、吃饭,了解这支部队的具体情况。

隆美尔率领的装甲师和另外一个师都由赫尔曼·霍特将军指挥。霍特曾荣获骑士勋章,隆美尔也非常中意这个人。作为一个军人,隆美尔知道未来的战事是很危险的。1940年5月5日,天空中下着是冷的阴雨,隆美尔给露西和自己仅有的儿子曼弗雷德写了一封绝命信,这并不代表隆美尔预感到了自己将要遭遇不测,而只是想,万一在即将来临的战斗中自己不幸阵亡,自己最后的嘱托能寄到妻儿的手中。

隆美尔在战场上是英勇的指挥官,但无论怎样一个血性的男人都无法舍弃对家人情感。虽然他有着丰富的作战经验,但战场毕竟是一个不可预测的地方,而作为军人的他只能毫无条件地遵从命令。

5月的一个下午,密码电报"多特蒙特"送达到了隆美尔的手中,那时隆美尔和卢森堡上校在监督坦克和大炮的例行训练。隆美尔不用看就知道那封密码电报的指示,在西线动武将在明天早上进行。隆美尔驱车急急忙忙地赶回了驻地,第一件事就是给露西写信,告诉她自己在不久后就要奔赴战场,请她不要为自己担心。

后来有很多人都说,隆美尔有常人没有的勇气。因为在激烈的战斗中,即使是顶着被暗杀的压力,隆美尔也从未掩盖过自己的身份,如果有勇敢的法国人选择用这种方式结束隆美尔的生命的话,那么,"二战"又会是怎样的面貌呢?但战争已经谱写了沉甸甸的历史,人们只能翻阅,却没有能力更改。

在战斗结束后,隆美尔在给露西的信中对这场战斗只做了轻描淡写地叙述,但从往来信件的某些话中我们还是能够感受到当时隆美尔的处境。当时负责指挥侦察部队的是厄德曼少校,和隆美尔一起冒着密集的炮火向掩体奔去。这时候,敌军的一发炮弹在两人之间炸开了,厄德曼少校当场死

二战浪漫曲

亡,而隆美尔只是被震晕了过去,很快被发现并得到了及时的救治。或许得到了幸运女神的眷顾,他得以在残酷的战场上存活下来。

在之后的阿拉斯战役中,他依然亲临战场,带领部下,向不断推进的坦克发起攻击。经过一阵惨烈的战斗之后,德军受到了顽强的阻击,他忠实的副官莫斯特在距离他很近的地方被敌军的炮火炸死,可见战争是多么的激烈。

副官的牺牲并没有给隆美尔带来恐惧,他依旧在最危险的前沿阵地指挥着战斗,也许就是在如此重要的一个阶段,方能显现出一个作战指挥应有的风格。隆美尔的做法也大大激励了士兵的斗志,通过整天的战斗,阵地的情况终于安稳下来。在阿拉斯奋战之后,隆美尔的装甲师终于得到了宝贵的休养时间,对武器进行了保养,士兵有了休息的时间。

利用这仅有的一点喘息的机会,隆美尔给妻子露西写了封信,他在信中写道:"最近这两天没有作战,所以对我们非常有利。到现在本师的军官损失不是很严重,战绩很不错,最困难的日子成为记忆,将来不会有太大规模的战争。"

隆美尔总是这样,只要抓住一点点机会就会给妻子写信,似乎这已经成为了他的一种习惯,每一次的战争他都会向妻子叙述,或者报个平安,或者表达他的愤慨之情。

隆美尔在法国所向披靡,让纳粹宣传家们高兴极了。此时,他的装甲师已经荣获了"魔鬼舰队"的称谓了。在德国境内出现了大批他的崇拜者,他被形容成了总打胜仗的英雄。一战时,一个曾经和隆美尔一起共事过的人曾经说到:"他的速度就像是语言一样快速;他的资本就是英勇无畏。"

德国的报纸天天都刊登隆美尔的"事迹",可是纳粹宣传家们如此大肆的为隆美尔造势,只能给隆美尔带来更多不必要的麻烦。他的功劳太过耀眼了,这让许多人的嫉妒,德军总参谋部许多人都对他议论纷纷,而且认为隆美尔并没有报纸上宣传的那么强。

而隆美尔的好友海斯也曾在私底下提醒过他,要隆美尔对于这种日益增长的敌视早做提防。但是,隆美尔对此毫不在意。他完全陶醉在报纸虚造出来的夸耀中,每天他都会收到许多对他表示崇拜之情的信件,令隆美尔没有想到的是,就是这些不被他所忽视的敌视,在他以后的战斗中给他添了不少的麻烦,多少次差点置他于死地。

一次,隆美尔获得希特勒亲自接见后不久,他拜访了好友海斯。隆美尔对他的印象很好,认为他是一个谦逊而又善于筹划的人。两个人见面后,海斯再次重申了自己的观点,希望隆美尔对于那些敌意多加注意,同时他还告诉隆美尔,德军的一个十分重要的机构里面都在风传德国有意插手意大利在非洲的军事行动。

海斯的再次告诫依然没有让隆美尔的产生警觉,并告诉海斯,他得到的消息是准确的,这是对英国的报复行动,元首已经下达了命令,绝对不给英军从非洲获得任何援助的机会,意图把整个英国都砸得粉碎。隆美尔说些话的时候,他的脑海里回响地的都是希特勒那刺耳而又让人无法抗拒的声音,眼里流露出对于希特勒的无比崇拜。

虽然隆美尔在士兵们面前不苟言笑,但是他也不缺乏温存的一面。在隆美尔和他的儿子曼弗雷德的信件中就可以看得出来,他总是十分温柔地询问着儿子和妻子的状况,而且将一些平时拍的照片寄给儿子和露西,好让他们知道自己过得很好。

对于自己的家庭,隆美尔一直很矛盾,身为军人的他必须履行军人的使命,并以此实现自己的理想,而长时间的战场生活使他没有过多的时间照顾家庭,没有当好一个父亲和丈夫。他最后选择了首先应成为一个有担当的军人,其次才是一个合格的家长。

身在北非

隆美尔本已获得了一个星期的假期，他打算回家陪伴妻子和儿子,但不巧的是上级又下达了新的命令,他又被紧急召回了装甲师。这一天刚好是圣诞节,虽然万般不舍,但是没有办法,他还是火速赶回了部队,再次失去了与家人共度圣诞节的机会。就这样隆美尔和露西再一次分开了,他没有陪伴妻子和儿子度过圣诞节,也没有时间去承担一个丈夫应尽的义务。但是也就是这一次的离别,成就了隆美尔的"沙漠之狐",让他闻名于世,他和露西也开始了长久的分别。

几天以后,露西接到了隆美尔寄来的信件,信件中提到了他和希特勒的简单会面,以及一些其他的事情,但是并没有具体跟露西说自己要去哪里,毕竟现在部队的行踪还处于要保守秘密的阶段。在信件中,隆美尔也说道自己的这次任务可能会十分严峻,花费的时间会稍长一些。第二天,又有一封信送到了露西的手中,信中提到,他已经到了目的地,在那里睡了个好觉,而且那里十分适合治疗他的风湿病,除了蚊子比较多以外。

隆美尔在以前就患有风湿病。露西记得,给隆美尔治疗风湿病的医生曾经劝告过他:"将军,您需要阳光。您应该到非洲去,那里有充足的阳光,对治愈您的病是非常有利的。"露西一再猜测,自己的丈夫这次究竟是到了哪里?

露西在恐慌中猜测着,她真的不希望隆美尔去非洲沙漠中作战,那么荒凉的地方让他怎么熬呢? 露西翰的猜测是对的,隆美尔此时已经带着他

二战浪漫曲

的部队去了非洲。在那里他有一个艰巨的任务,就是率领他的"魔鬼之师"彻底地把英军打垮。

在黄沙漫漫的沙漠中,隆美尔的部队在不断地前行着。在这期间,他也曾写信给自己的妻子露西,虽然只能看到漫天黄沙,但是他还是十分兴奋,因为他指挥的装甲部队即将投入战斗了,一场现代风格的装甲部队的作战将要在他的指挥下进行了。

在非洲作战的整个过程中,隆美尔只要一有时间就会像妻子讲述他的预感或者战况,他在信中也时刻关心着儿子曼弗雷德的成长。隆美尔虽然身在遥远的非洲,处在极为恶劣的环境下作战,但是在他的心中对远在德国的妻子和儿子的牵挂从未减退过,这也许就是一个男人的承担,也可以说是责任吧。

北非的夏季极其难熬,烈日炎炎、热浪滚滚、黄沙漫天构成了北非荒漠夏季真实的写照。在全部夏天中,隆美尔都没有闲着,他每天都顶着烈日、坐在指挥车在茫茫沙漠中行走,去各个营地视察,经常前往萨卢姆前线去视察情况,以防有什么突发式变故。

虽然隆美尔的风湿病有所缓解,但是沙漠的残酷对于每一个人都一样的,这里的环境已经开始渐渐地影响到了德军士兵以及隆美尔的健康了。不久之后,经过军医诊断,隆美尔换上了黄疸病,按照规定,他不能再吃具有强烈刺激性的东西并且必须保证足够的休息时间。但是除了控制饮食外,对于其他方面的要求隆美尔都做不到,因为有太多的事情需要他来处理,并且每一件事情都关乎着许多人的生命,身为指挥官,他不能因为自己的原因让军队陷入困境。

对苏联的战争开始之前,希特勒对苏德战争是有着自己的想法的,此时苏联将全部兵力都投入到西线,这样庞大的兵力集结在军事历史上都算

二战将帅的婚姻生活

23

得上是一个大手笔。如果这次的巴巴罗沙行动(对苏联的战争计划)出了状况,那么希特勒称霸世界的理想就会化为泡影。如果这场战争最后的胜利者是德国,那么伊拉克和叙利亚的出路也要重新考虑了。希特勒就可以腾出空来,把魔爪伸向土耳其。

希特勒的疯狂想法,使得隆美尔与北非回德国分别的日子又要推迟了,他将这个消息在信里告诉了露西,露西在回信中也表达出了失望的情绪。

德军最高统帅部的具体计划是,隆美尔的部队必须占领托布鲁克,然后以西线为突破口为进兵埃及扫清障碍,再攻占高加索,这样德军便可顺利南下攻打埃及。

此时困扰隆美尔的还有一件事,那就是自己现在到底是什么官衔,指挥的到底是装甲师还是装甲步兵师,这些他都不得而知。直到不久之后,当德军发薪水的时候,隆美尔在认真查看了自己的津贴单后不禁欣喜若狂。因为他的薪水是按照集团军指挥官的标准发放的,这也就意味着他此刻的官衔为集团军指挥官。

隆美尔的付出终于获得了回报,他把此刻的喜悦心情通过信件与妻子露西进行了分享,一个男人在事业上的成就是他最值得炫耀的了,他要把自己的荣誉告诉妻子,让妻子因他而自豪,同时他也想让妻子为他感到骄傲。

此时意大利方面临阵换了新的主帅,新的主帅一来就给隆美尔带来了麻烦,他是绝对不服从隆美尔,所谓一山不能容得二虎,这样的情况使得隆美尔很不爽。为了解决此事,隆美尔不得不返回柏林,与德军总参谋部协商,因为,他再也受不了新来的那个主帅了。

二战浪漫曲

元帅也会想家

隆美尔飞回了德国,此时,隆美尔和露西已经很久没有见面了,再次相聚的两个人都感慨良多。露西看着自己的爱人满脸疲惫的样子,泪水情不自禁地从脸颊滑落。露西真的害怕丈夫的身体有什么状况,于是劝他去医院看看,但隆美尔拒绝了。他对着露西呵呵地笑着说:"没事,我的身体棒极了,你不用担心。"也许只有他自己清楚,这些都是疲劳导致的。

他们在家里只是匆匆地见了一面,但这已经让聚少离多的两个人感到很兴奋了。露西不断地询问隆美尔的身体状况,在放心了之后就开始为隆美尔做可口的午餐,此时的露西俨然是一个幸福的小妇人,她准备了很多的食物,几乎是隆美尔喜欢的菜她都做个遍,她真的想让他吃得饱饱的,很怕他不够或者哪一样菜做得不好。对她来说,给丈夫做饭的机会实在是很少,为此,她紧张的不得了。

隆美尔回到了这个温馨的家,妻子是那么的关心着他,因为他的归来使得家人都很兴奋。儿子曼弗雷德已经长高了很多,他拽着父亲看他养的兔子,让父亲看他用打字机打字,总之他会找各种理由争取和父亲在一起的机会。

隆美尔的下一次回家就是 1941 年 11 月了,在此期间他只能在战场上持续作战,不断地给妻子写信。这个月,隆美尔更加繁忙,在第一个星期,也就是他在这个月要做的第一件事就是飞回罗马和等在那里的露西见面。在这个月的第二个星期要庆祝他的 50 岁生日,到时会有很多人参加,他必须要应酬。第三件事就是在第三个星期攻占托布鲁克。

25

隆美尔在罗马火车站与露西再一次相聚了。在这个充满阳光和细雨的季节里,他们幸福地度过了两个星期。短短的两个星期,隆美尔感到了家庭的温暖,和冷冰冰的坦克相处的时间太长了,妻子的呵护让这个钢铁一般的男人也渐渐软了下来。隆美尔和露西在罗马度假的这段时间高兴极了。短暂的离开战争,让隆美尔整个人都轻松下来了。

虽然他们是在远离硝烟战场的旅游胜地,但是那些恢弘的建筑并没有给隆美尔留下太深刻的印象,他的思维依旧停留在北非的那片土地上,隆美尔总是不经意间冒出一些如何指挥部队的话语,或许只有攻占了托布鲁克,他的内心才能真正地平静下来。

在旅馆里,房间太冷了,其他人都已经冻得有些受不了了,开始发牢骚。然而隆美尔却丝毫没有留意到这种情况,好像一直在专心地思考着什么问题。露西了解他,知道现在占据着隆美尔思想的是他的部下和托布鲁克的局势。

1941 年 12 月末,美尔对英军发起了突然性的袭击,使得英军一蹶不振。这次战役,他们一共发动了两次进攻,都非常顺利,与之对阵的英军坦克都被摧毁了。

那天夜里,隆美尔获胜利的消息成了德国广播电台的主要内容,别的节目都因为这个新闻被迫中断。瞬间,隆美尔大胜的消息传遍了整个德国,他也成为了全民瞩目的焦点。德国媒体大肆报道这次胜利,希特勒在其演说中毫不吝啬对隆美尔的赞赏,再次提升他的军衔,成为上将。在德国历史上,能以如此小的年纪获得这么高的军衔实属首次,这也着实让很多人艳羡。

第二天,激动不已的露西给隆美尔寄去了一封信,信中说道,家里面现在每天都能收到许多隆美尔崇拜者寄来的花卉,很多人通过电话嘘寒问暖,而且元首在规模很大的一次演讲中提到了你的名字,在每一张报纸的最明显的地方都刊登了你的照片。她为隆美尔取得成绩感到自豪。当然,隆美尔的胜利在很大程度上对法西斯分子起到了鼓舞的作用。

几天之后,露西再次写信告诉隆美尔,现在隆美尔的名字已经家喻户晓了,整个德国民众乃至欧洲都知道了隆美尔这个年轻的将军,她还告诉隆美尔,她每天都会为他和元首向上帝祈祷,只是请求上帝与你同在,一直帮助你和元首,为民族,为祖国达成目标。

这场胜利使得德军获得了喘息之机,在部队休整的期间,隆美尔也获得了一个月的假期,也就是说他有一个月的时间可以陪伴自己的妻子和儿子,不用再忍受沙漠气候的折磨。无论是对于妻子露西还是儿子曼弗雷德,隆美尔都充满了愧疚,当别人的父亲和孩子一起玩耍的时候,当别人的妻子和丈夫漫步的时候,隆美尔都不能陪伴他们,因此只要一有假期,隆美尔就会赶回去尽可能多的陪伴露西和曼弗雷德。

时间转眼飞逝,隆美尔的假期即将结束,"沙漠之狐"再次开始忙碌起来。在北非的指挥部里,隆美尔除了要指挥部队进行战斗外,还得分心去关注自己的儿子曼弗雷德,因为13岁的曼弗雷德进入了叛逆期。

曼弗雷德已经不在是那个只知道玩印第安人游戏的小孩子了,而是一个已经能够加入青年军宣誓典礼的少年了。隆美尔的性情在曼弗雷德的身上得到了很好的传承,这从孩子写给父亲的信中便能看得出来。曼弗雷德对于军事方面的一切和探险都充满了好奇、激动和兴奋,比如他的新制服、野营地、童子军会议。

只是,偶尔曼弗雷德也会产生一些"意外事件",使得隆美尔疲惫不堪。除了不时的出现一些"意外事件"外,自己儿子的成绩也使得隆美尔很闹心。

露西将曼弗雷德老师给他的评语以及他的成绩原封不动的寄给了隆美尔,成绩单和评语上写着,曼弗雷德在体育训练中毫不积极,而且总是不遵守纪律,他的地理、数学和拉丁文成绩只能算是良好,而体育和其他的一些学科远远达不到学院的要求。

对于自己的儿子,隆美尔还是有些了解的。他在参加希特勒青年团的时候,在游泳、滑雪等体育项目上都十分出色,但学校的体育老师仍然充满恶意和偏见,所以使得这两者的成绩不像出自一人之手。

对此,隆美尔给露西回信说道,希望露西能够和这些教师们交涉下,好让自己摆脱这些事情的困扰,信中还说道,现在德国的教育制度存在问题,整个教育体制都落入了教士和牧师的手中,这根本不是战前德国的情况。而且这些教师们应该感到自豪——隆美尔的儿子是他们的学生,其他许多学校就巴不得能有这样的机会。

但是隆美尔由于职业的关系,很少回家陪儿子,使得这三年对于儿子的了解很少,当他发现的时候已经没有办法改变这一现状了。他只能用一种严父的语气给儿子写了一封信,信中说道,老师对于你的抱怨已经传到我这里了,经过青年团宣誓典礼的你已经可以算是一个大人了,你应该对你的学习和言行举止负责。

北非战场上的战争并没有因为个人家庭的烦恼而停止,但是当地恶劣的环境让隆美尔已经吃不消了。1942 年 8 月 21 日,隆美尔将他的情况发回柏林,又给柏林举荐了坦克将军海因兹·古德里安,希望他可以接替自己的职位,同时向古德里安发去电报。虽然隆美尔一刻也不想离开自己的部队,但是他的身体已经对他敲起了警钟,但他相信自己将会有充足的时间来度过这次"因病离职"。

同时,隆美尔的一位好友给他找来一位好厨师,并派飞机每天给他送新鲜蔬菜和水果,但所有的事都是瞒着隆美尔的。这位好友在给露西的一封私人信件中这样解释道:"否则,他这个人是不会接受额外配给的食物的。"他还告诉戈培尔："我建议立即把勃兰特教授派到这里来检查一下隆美尔的病情。"

几天之后隆美尔的病情有了好转,已经能够乘车到梅尔沙·马特鲁做心电图检查了,而在此之前,他只能躺在床上,几乎处于生活不能自理状态。此时他才得知,古德里安1941年冬季违背了希特勒的旨意,现在已经失宠,目前根本不可能得到重用。

没办法,隆美尔只好继续留在自己的岗位上。他致电通知了德军总参谋部,根据诊断医生的意见,在即将发起的进攻中,他还可以继续指挥装甲部队,"同时进行适当的药物治疗"。但是,在此以后,他将返回德国进行全方面的治疗,到那个时候,就必须有人接替他担任指挥。

隆美尔又有很久没见到自己的妻子露西和儿子曼弗雷德了,他细心算了一下,可以单独与露西和曼弗雷德在一起度过六个星期。他们可能回去奥地利的山中度假,在那里享受没有战争的清闲,也不用担心每天会被有着巨响的炮声震醒。

1942年9月4日,隆美尔终于回到了自己以前的指挥部,他已经一个星期没有好好休息了,此时的他已经很疲倦了,这不仅仅是来自身体和精神上的,还有就是对战争本身。这时的隆美尔身体还没有完全康复,同时他非常想念妻子和孩子,因此隆美尔决定回家休息一段时间。

远离了布满的战场和恶劣的荒漠环境,再加上享受家庭的温暖,使得隆美尔的病情很快就有了好转。正当隆美尔的病情刚刚有所好转之后,他就接到了通知——希特勒要见他。

在希特勒的书房里,隆美尔用颤抖的双手接过了光彩熠熠的元帅节杖。此时的隆美尔可以说是受到了全部的宠信,当他走过人群密集的主席台前的时候,希特勒亲自起身上前迎接。德国所有的广播电台在这一天都没有其他的新闻,都不停地向外传达着元首对隆美尔的至高赞美。此时的隆美尔终于达到了自己人生事业的顶峰,成为了名副其实的帝国元帅。

再次踏上这片风沙漫天的土地,回到自己熟悉的军营,隆美尔十分烦忧。他给妻子写信说道,现在自己身上背负着太多的压力,无论是士兵们还是德国的平民们都成为了压力的源头,现在的他根本无法接受任何的失败,而且现在一切都毫无头绪,没有什么决定性的力量帮助自己,他现在很迷茫。

给妻子写完信后,隆美尔在床上久久难以入睡,他的脑海里出现了各种情景,有接过元帅节杖的情景,有和妻子漫步的情景,也有接受民众欢呼的情景等。

第二天黎明时分,隆美尔早早就醒了,他再次拿起笔给露西写信:"现在战争已经变得非常复杂了,敌人已经马上就要压过来了,但是我们的物资却少得可怜,根本无法继续抵挡敌人的进攻。如果战争失败了,或许我将死在战场上。但是我已经尽了我全部的力量去争夺胜利。如果我不行做了战场亡灵,我会从内心深处为你和孩子表达祝福。即便是在我生命的最后一刻,我依然会想念着你们。你们千万不要为了我的死而感到悲伤,要为我感到自豪。曼弗雷德多年之后会成为大人,希望他能永远让我们的家族享受荣誉。"

虽然知道自己的处境很困难,但是隆美尔依旧践行自己的责任,尽可能地指挥部队进行抵抗,同时他也给希特勒传去电报,请求撤退,以保全德军的力量。希特勒很快回电,隆美尔看完后冷汗直流,电报的内容大体是说:撤退是不可能的,你可以直接告诉你的部下,我现在需要的只有胜利,不胜利,毋宁死,没有其他的道路。

希特勒的回电将隆美尔逼到进退两难的路上。在自己的指挥所里,隆美尔时而破口大骂,时而不断地走动、徘徊。一面是对于元首的忠诚,一面是正视目前的危机,拯救那些德军,这使隆美尔很难抉择。最后,他还是决定按照希特勒的指令去做,必须要服从命令,虽然结局可能会惨。

做好决定之后,隆美尔拿起笔,再次给妻子露西邮去一封信,这封信很有点遗嘱的性质,主要就是说明了自己的处境十分不好,而且自己也不可能继续获得胜利了,希望露西能够坚强地生活下去,一定要细心照料孩子等等。

虽然已经决心以死报国,但是隆美尔仍然抱着试一试的想法,又给希特勒发了一份电报,电报中他将北非德军境况做了详尽地分析,并且说明,如果希特勒仍旧坚持原来的命令的话,那么自己将组织部队与敌人展开最后的决战。

但是幸运的是希特勒最终还是同意了隆美尔撤退的请求,随之而来的就是一段漫长的撤退之旅。隆美尔的部队从开始撤退到现在已经进行一周的时间了,这一周来,隆美尔没有往家里写信。1942 年 11 月 9 日,波特切下士代他给露西拍了电报,全文只有 3 个字——"我很好!"然后隆美尔在电文下签了名。

在极为苦恼和失败的预感压抑下,隆美尔的身体也久况愈下,不久之后他不得不回国养病,举家迁到慕尼黑郊外的一栋别墅中。在这里他的生活很安逸,而且得到了妻子的精心照料。此时的隆美尔满脑子想的都是意大利的战场,但是他现在只能待在别墅里。病情稍有好转的隆美尔根据希特勒的命令准备飞往司令部,就在登机的前一天,隆美尔突然得了急性阑尾炎,被送进了医院,直到一个星期之后才拆线出院。

在医院的这一个星期里,躺在床上的隆美尔总是能够不时的听到空袭警报声。街道上空无一人,人们都早早的就躲在了地下室以及其他能够避开空袭的地方。

当空袭警报响起的时候,隆美尔猛然想起,现在对这里进行的盟军空军应该是来自福贾机场,由于德军即将要撤出意大利南部,盟军占领了那

二战将帅的婚姻生活

里,这意味着盟军轰炸机不光能够对这里进行轰炸,连露西现在所居住的地方也在他们的空袭范围之内。他急忙写了一封信让人寄给露西,通知她尽快地移居到别的地方。

此刻躺在病床上的隆美尔被众多的思想缠绕着,对于国家的忠诚、对于家人的思念,对于下属们的安危都让他忧心不已,他现在疾病缠身,唯一能做的也只有为他们祈祷了。

当他拆完缝合线后,他立刻乘坐飞机赶回家中,他怕露西和曼弗雷德继续呆在那里出事。此刻的欧洲已经乱成了一团,到处被硝烟所笼罩,想要找一个安全的地方已经十分困难了。对于将母子二人安置在哪里找个问题上,隆美尔思虑了许久,最后终于找到了一个比较合适的村庄,它坐落在斯瓦比亚,与乌尔姆相隔不是很远,那里比较偏僻,而且也没有受到战火太大的波及。在这个小村庄里,隆美尔和家人又度过了一段快乐的时光。但这样快乐的时光并没有持续太长的时间,很快,隆美尔就收到了希特勒的指示,命令他视察从北边开始与英国隔海相望的全部海岸防御工事,与他同行的还有一位工兵专家——威廉·梅斯将军。

隆美尔在和露西通电话时得知15岁的曼弗雷德已应征参加了高炮部队,这让隆美尔感到很是愧疚。仿佛仅仅是昨天,曼弗雷德还是个喜欢养兔子的孩子,就在自己不曾完全了解他的时候,他已经长大了,而且即将走上和自己同样的道路步入战场。

为此,隆美尔特意给曼弗雷德写了一封信,信中除了表达自己对他的爱之外,还特别指出了在军队中需要注意的一些事项,告诉曼弗雷德在军队里,首要的一条就是绝对地服从上级的命令,虽然有些命令可能不尽如人意,但是你仍要不折不扣地去服从,而且还告诫曼弗雷德,你的父亲是陆军元帅,你不能给你的父亲和家庭抹黑,不要和那些不好的人混在一起……

二战浪漫曲

为妻子付出惨重代价

隆美尔在回到部队的时候,战斗还没有开始,他每天除了去各个营区查看下部防御工事外,就是给露西写信。

6月6日是隆美尔的妻子露西又长了一岁,那天刚好是她的50寿辰。此时的隆美尔是一名负责整个德军西线一个集团军的指挥官,但是这一天他放下了所有的军务回去陪妻子共度这个难忘的日子,而盟军或许也认为这一天是个好日子,于是选定了这一天展开了历史著名的登陆战役——诺曼底登陆。

那一天早上,隆美尔很早就起来了,和儿子曼弗雷德一起将家里布置得十分漂亮。父子两人在别墅里摆满了鲜花,客厅的桌子上也摆放了各种礼物。

隆美尔正在房间里整理东西,忽然有电话找他,隆美尔并不知道这个电话意味着什么,还认为这是希特勒要接见他的电话。隆美尔慢悠悠地接起电话,那边急切地声音就传了过来:敌人的进攻已经开始了!

听完电话,隆美尔的脸瞬间变得惨白,没有一丝血色。一时间,他竟然语塞看,过了有一阵才说自己一会就会回来。随即,隆美尔又给德军最高统帅部打了电话,汇报了战况。挂断电话后,隆美尔马上回房间换军服。

6月25日,对于隆美尔而言又是难忘的一天。这一天,希特勒集中德军高级指挥官召开了紧急会议,汇报此时的战况,于是,戏剧性的一幕开始上演了。

身为陆军元帅的隆美尔率先开始了汇报，他清了下嗓子对希特勒说：
"元首阁下，我以一个集团军统帅的身份向您作出战况的相关汇报。我有责任对您和全国人民说明我们在西线所处的情势，目前很多国家已经结成联盟来对抗我们……"听到这里，希特勒用力地将手拍在地图桌上面，打断了隆美尔的讲话："陆军元帅，政治方面的我不想听，我想听听军事方面的情况如何。"但是隆美尔十分固执，他希望希特勒能够认清局势，他继续说道，"我的元首，我们必须先谈政治局势，否则军事局势将无从谈起。"

纳粹德国的命运已经注定。几天以后，隆美尔离开了元首大本营，那也是他一生中最后一次见到希特勒。回到前线的隆美尔虽然依旧对希特勒尽忠职守，但是他十分清楚德军已经没有希望了，自己能做的也只有履行军人的职责，恪尽职守了。

就在德国处于水深火热的时候，一件不幸的事情发生了。隆美尔在前线返回总部的时候，被盟军飞机袭击，以至于他被抛出了吉普车，受了重伤，就在隆美尔受伤的两天后，希特勒遭到了刺杀，史称"七二〇"事变。

"七二〇"事变的详细内幕无从得知，不过后来有人分析，这可能是一场针对隆美尔的阴谋，一个一件双雕的阴谋。对于隆美尔这个久经沙场将领的厉害，盟军深有体会，德军之所以能够支撑这么久，很大一部分原因就是因为有了这头狡猾的"沙漠之狐"。对于这一切隆美尔都一无所知，躺在医院里的他还在为战争绞尽脑汁，试图挽救德军的命运。

1944 年 10 月 14 日，修养在家的隆美尔一直在等着元首的指示，但是当布格道夫到来的时候，下达的并不是让他重返战场的命令，而是一项指控：隆美尔被指控谋害国家元首希特勒。

布格道夫告诉隆美尔，他被指控参与"七二〇"事变，但是元首念在他往日为德国所做的贡献，允许他自尽，并且将他的叛国罪秘不外宣，不让那些崇拜他、敬爱他的人失望,而且还将为他树立一座纪念碑,风风光光地举行国葬,同时承诺善待他的妻子和儿子。

听完布格道夫的话,隆美尔愣住了,过了许久,再也忍不住的泪水从他那张饱经风雨的脸颊上流下,他整个人都陷入深深地沉痛。

历史总是会存在很多具有讽刺意味的事情,隆美尔的死亡就是其中之一。他,埃尔温·隆美尔,盟军闻风丧胆的"沙漠之狐",经历过两次世界大战,多少次出生入死,多少次枪林弹雨,都没能让他死去,他对元首忠心耿耿,对军队恪尽职守,而此刻,他却因为一场他根本没有参与过的谋刺元首的事变中死去。

但是隆美尔知道,他没有选择的权利了,一切都已经注定了,与其做无谓的反抗,还不如风风光光地死去,至少妻子和儿子能够受到很好的照顾。他步履蹒跚地向露西的房间走去,温柔地呼唤着露西的名字。当露西打开房门,看到泪流满面的隆美尔的时候,她预感到不好的事情要发生了。

隆美尔用粗糙的双手抚摸着露西的脸颊,淡淡地对露西说道:"我被指控参与了谋刺元首,现在我必须要做出选择,要么是面对人民法庭的审判,要么就是服毒自杀,为了你和儿子,我选择了后者。"说这些话的时候,隆美尔满心都是苦涩的,即便是他再怎么压抑自己的悲伤,泪水仍然夺眶而出,也许,此刻流的泪便是他此生的所有。他把露西抱在怀里,在她的额头上轻轻地亲吻下去,他想起初见露西的时候,那时她还是一个美丽的金发少女,有着天使一样的面庞和一双湖蓝色的眸子,很快,隆美尔跟来接他的人一起离开了。

吉普车缓缓地启动了,车上所有的人都沉默着,气氛十分压抑。坐在后排的隆美尔突然笑了笑,拍了拍身边的布格道夫的肩膀,对他说道:"将军,请你向元首报告,他的陆军元帅没有参与到谋害他敬爱元首的行动中,元首永远是我的元首，我爱元首，我也爱自己的祖国。"布格道夫默默地点了点头。

车子行进到一片密林后，停了下来。车子前排的两个人打开车门离开了，然后车上就只剩下隆美尔和布格道夫两个人。

布格道夫从他的黄色牛皮包里取出一小瓶液体，缓缓地递给隆美尔。隆美尔用颤抖的手接过这个小玻璃瓶，他知道这里面装的是氰化钾，只要一丁点就可以致人于死地，死亡过程往往就是那么几十秒。

那个曾经被人们广为称颂的隆美尔，那个曾经指挥过千军万马的隆美尔，那个曾经在北非广阔的荒漠上纵横睥睨"沙漠之狐"的隆美尔，在还有不到一个月就满 53 岁的时候，就在这辆汽车当中死去了。他没有死在硝烟弥漫的战场上，没有死在气候恶劣的荒漠之中，也没有死在敌人处心积虑地谋杀中，但他却死在了自己崇拜，为之出生入死的元首的猜疑和莫须有的罪名中，这是隆美尔一生最大的悲剧。

诚然，隆美尔是帮助希特勒实施屠杀的一把利剑，是帮助希特勒发起战争的凶犯，犯下的罪行不能宽恕。但是，从军事角度来看，任何人都无法否定他在军事上取得的成绩和辉煌，即使那些曾经败在他手下的盟军将领们，对他的军事才能也深深折服。隆美尔对军事方面的相关历史有着很大的影响，他的许多次战役直至今天也是许多军事院校研究的课题之一。

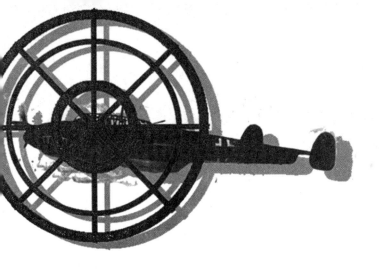

马歇尔

戎马一生的五星上将乔治·马歇尔在美国历史上是一位功勋卓著的人物，在战场上拼杀的他，同样拥有着一颗温暖的心，用他的真诚坚守着对妻子的那份爱的承诺。追求者芸芸的马歇尔对于爱情显出了超出常人的谨慎，正因如此，他收获的真挚爱情才能成为使众生为之痴迷的传世佳话。

从少年轻狂挥霍青春无度，到阅尽人世沧桑练就金睛火眼，从放纵不羁到悬崖勒马，无论路有多远，爱情就像是那苍茫夜空中的星星，把人生的黑夜行程照亮。

情定军校

作为第二次世界大战期间的美国陆军参谋长,马歇尔的功绩名垂美国历史。他协助罗斯福总统指挥数百万美军奔赴世界各地同法西斯军队作战,而在建立世界反法西斯统一战线的事业上,马歇尔的功劳也是不可忽视的。

睿智幽默的行事风格也为他的人生添上了一抹更加律动的底色,在军人、儿子、丈夫、父亲、朋友的众多角色中,他非常本色地出演了自我。在经过无数个日日夜夜的努力之后,世界反法西斯统一战线赢得了反法西斯战争的最后胜利。尽管马歇尔早已离去。但是,他在反法西斯战争中所表现出来的英雄本色却使得他的形象永存于世人心中。

1880 年 12 月 31 日,美国一个名叫尤宁敦的小镇下着漫天的大雪。然而,这个 1880 年的最后一天却代表了一个新的开始,一个孩子来到了人世。他的父母把他称作乔治·马歇尔。

天真、纯净的童年是每个人一生中必经的最美韶华,无忧地奔跑嬉戏,纯真地欢笑哭泣,一切都在一种真和善的情感内核的包围下进行着。虽然小时候的马歇尔顽皮,并且时常犯错误,但是他所做的每一件事经过分析之后都可以发现,马歇尔做事一向都会做到尽善尽美,而且整个过程的思路很清晰。尽管不受羁绊的想象力曾经为他带来了不少的麻烦,但是那些让人笑得喷饭的往日已经构成了不可复制、无法重回、定格在时空中的童年。

马歇尔的淘气和胡闹是他孩提时代的显著特征,因为这些特征他遭到了不少责罚,尤其是马歇尔的哥哥斯图尔特。哥哥的刁钻和挤兑就像一个安装了放大镜的跟踪摄像头,总是在马歇尔因为自身的缺陷出现错误的时候将其准确地捕捉,继而将事情大肆渲染一番,然后向父亲老马歇尔暗中告状,尽管许多情节都贴上了纯属虚构的标牌,但是斯图尔特仍然不遗余力地进行着他的"工作"——找弟弟马歇尔的毛病,继而向父亲揭发弟弟的"罪状"。

成大事者必经苦难的挑战,那些被我们看不起或是根本就不重视的经历,却潜藏着人生的最高要义。在成长阶段所经历的事情或多或少的都会在以后的人生中折射出它的影像,它们有可能带来了积极或者是消极的一面,但都成为了人生的重要选题,以便在余生中回忆它的妙处。

随着马歇尔的逐渐长大,学校便成为了他今后一段时期内的知识传授和融入社会的主要载体。马歇尔的家乡是一个不知名的古老小镇,俄亥俄河从这里奔流而过,河边的小木屋累月经年地守在参天大树的旁边,继而望着奔流不息的河水。悠然于河中泛舟的渔民,闲适地享受着本真的生活。世代居住在俄亥俄河两岸的人们热爱着他们的生活,热爱着奔流不息的俄亥俄河。

位于俄亥俄河边的镇上小学收藏了马歇尔的部分童年时光。然而他的毛躁和过分活跃导致他的学习成绩并不理想。他也想努力,可是他的想法与行动终究不能匹配。心理上的压力便在他幼小的心中形成了暗淡无光的阴影,尤其考试结束后走在回家的路上,他不仅脚步慢的像一个老年人,而且眼神中尽显彷徨,完全看不到平日里自信的模样。因为他知道一旦到家,便是父亲的拳脚相加、左右耳光。即使是天黑得已经鲜见光亮之时,他也并不想回家。能有谁知道他在那样的境况里,到底经历了多少个内心挣扎和肢体痛苦的难熬夜晚。

然而一个人的成功与否，并不能单单因为对于课本知识学习的好坏来评定。望着棒球场上那活力四射的身影，一个焕然一新活力四射的马歇尔就浮现在了人们的眼前。也许正是这种顽劣的秉性成就了马歇尔夺目的一生。因为不同，所以不再平常。

常青藤是勃勃生机的象征，从藤蔓上顺下的不仅是阅人知事的学识，接踵而来的还有让人怦然心动的唯美爱情。老马歇尔作为马歇尔的父亲在经过深思熟虑之后，决定让顽劣的儿子的中学时光在军校度过，磨一磨他的棱角、杀一杀他的锐气，让他谦和而稳重地做人。在一个刚下过雨的早上，马歇尔踏入弗吉尼亚军校的大门。

与著名的西点军校那培养出无数将军和总统的成就相比，弗吉尼亚军校在当时还略显平庸。它的名扬天下还要归功于美国陆军参谋长马歇尔的横空出世。

弗吉尼亚军校位于列克星顿市郊，这所学校创建于 1839 年 11 月 11 日，其宗旨是能够将青年人培养成德才兼备、文武兼具、品质优良的综合性人才。这所军校的存在大半的功劳都归于它的第一任院长史密斯先生，在他担任校长的半个世纪的风雨洗礼中，学校几经沉浮。在南北战争期间，学校遭炮轰而瓦砾残存，但是史密斯的坚持与努力却使得这个成立时只有二十几人入学的军校，在经历了重建之后焕发出了盎然的生机。虽然军校并不以培养军官为第一要求，但是当国家需要时，他们也将毅然冲上战场。

由于是军校，这里所开设的课程不但严格而且近乎残酷。正是因为这些培养出来的学生在将来可能成为战争的主体，战争作为残酷的游戏本就残酷无比，而可能踏进残酷之中的人们必须提早就熟知残酷的本来面目。令人难以设想的各种锻炼形式在这里都成为了平常。在滴水成冰的时节用冷水洗脸、洗澡，在泥泞不堪的大雨天进行野外拉练，吃生肉、涉险滩，种种令人难以想像的训练科目都会在这里上演。在很多时候,军事训练的残酷程度却让人感受到了一种人类最初对于自然生命的体验和挑战,他们是在用自己的今天挑战自己的明天,如果今天的努力可以点石成金,那么今日的努力就无愧于自己的心。

军校的集体生活让天性本真的马歇尔中重新找到了自己,渐渐地,他也对自己有了新的定位,那就是做一个成功的人。虽然军校生活枯燥无味而且艰苦异常,但是马歇尔平日里的顽皮和张狂却并没有什么改变。新奥尔良州的伦纳德·尼克尔松和弗吉尼亚的菲利普·佩顿与马歇尔组成了以马歇尔为首的"三人帮",成为了学校中各项活动的主力,并且他们也自己组织一些体育项目,如篮球比赛、橄榄球赛、拔河、对歌等。在这之外,马歇尔还有一个嗜好,那就是抽烟成瘾。与在家里不同的是,这里哥哥不在,没有了告密者,他的生活更加自由自在,而且不会有人再来指控他,也不会有人再来责罚他。

以往对于课本知识学习的缺陷并没有影响马歇尔在军校中的表现,恰恰相反,在这里他表现出了超常的能力,尤其是在军事表演课上的马歇尔,成绩总是在全校遥遥领先,成为了他人望尘莫及的典型和榜样。但是每当清晨听到那刺耳的起床号时,他总是很不耐烦地最后一个走出军营,即使是因此受到了很多惩罚,他也依然故我。也许是不擅长那些循规蹈矩的教条,可能是他的聪慧和光芒在等待一个成熟的时刻。对于不明白的事情或者是问题,喜欢追根求底的马歇尔总是在军事理论课上向老师追问,和老师探讨,那股认真劲常常引起同学们的嘲笑,但是他却依然故我。

在长大的过程中,总有令人欣喜的事情。随着年纪的不断增长,他的不良习惯也在一点点地消逝,诸如吸烟、喝酒、赌牌、违反校规等缺点已经在马歇尔的身上看不到了。他的表现让人们看到了一个全新的马歇尔,他不但外表英俊,而且一身本领,睿智英勇却又能风趣幽默,俨然成为了一位英气逼人的军人。

马歇尔的出色表现赢得了姑娘们的青睐。此时的马歇尔在学生们的眼中是一个恪守军规、非常自律的优秀学员,但是人们并不知道,马歇尔是一个情种,他曾经为了追求爱情,差点被军校开除。一直到很多年后,有人向他提起这件事,问其中的原因,马歇尔的答案是他对爱情十分坚持。

在弗吉尼亚军校操场旁边,总有很多的女孩子在为赛场上男孩子们的精彩表现而喝彩。然而,有一个女孩子却与众不同,她的眼神总是盯在马歇尔的身上,从无转移。马歇尔跑动的身影都在这位姑娘的眼中闪动,每一场马歇尔的比赛,她都一定要来观看。不过她不是像普通的女孩子一样看到精彩处,就大声地呐喊,甚至是吼叫,她只是默默地观看,在精彩之时为他鼓掌。她的举止,优雅中显出淡定。

一次比赛结束后,大家漫不经心地准备离场,马歇尔也是一样。而就在此时,幽幽的肖邦小夜曲飘入了马歇尔的耳际,他为这样的优美音乐动情不已,并沉醉其中。可当他回过神来,想要寻觅这动人的音乐,却发现已经无从寻找了。

从此,寻觅肖邦小夜曲的"梦中人"便成为了马歇尔的一个心病,他的心为这个也许与他仅仅几英寸之隔的人而魂牵梦萦。

对于"梦中人"的向往让马歇尔有时独自一人定定地出神,有时他在吃饭时也深深地陷入了好奇心和渴望编织的喜悦当中而莫名的傻笑。没有人能够了解他的心事,马歇尔也不会和任何人说。这对于他来说,是一个美丽的秘密。

而更加让他的同学们感觉到"这阵子马歇尔不太正常"的是,他总是在没事的时候就自己一个人在操场旁的居民区闲逛,并且不准有人陪他一起

二战将帅的婚姻生活

来。同学们好奇马歇尔的奇怪举动,而马歇尔的这些举动也因为他要寻找制造肖邦小夜曲的"梦中人"而变得更加离奇。在他无数次的幻想以及寻找当中,马歇尔终于再次听到了那个萦绕心中已久的肖邦小夜曲。美好的爱情,开始于马歇尔制造的"认真的相遇"。在一段时间后的一个傍晚,马歇尔的愿望等来了实现的机会。

这天,结束了一天训练的马歇尔仍是独自一人在操场旁的小区里散步。望着天空的颜色,马歇尔思念着那个也许就在他不远之处的"梦中人",而乐声悠扬的肖邦小夜曲也在此时传进了马歇尔的耳中,本来已经有些困倦的他顿时清醒了不少,循着那个美丽的声音而去。他快步走过一排排绿树,悠扬的乐声已然穿过了投射在马歇尔身上的树影。这个以前淘气而又顽皮、这个曾经寂寞而又孤独的马歇尔,这次终于找到了获得新生的机会,他伫立于一户民居的门前而久久凝望,确信那优美的旋律就是从这个安静的院子里传出来的。马歇尔驻足在门前倾听着从敞开的窗子里面飘出来的音律,直到小提琴声消失了,都没有挪动脚步,不知道是沉醉其中忘记了离开,还是在期待可以看到窗子里面的"梦中人"。他那痴情凝望的眼神,一直在凝望着,凝望着……

房门打开那一刻,马歇尔一下子呆了。端庄美丽、身材纤细青春写意的一位迷人的少女走了出来,随风飘摆的连衣裙,把她衬托得如天使般美丽。这位少女、马歇尔的"梦中人"名叫伊丽莎白·卡特,从交谈中,马歇尔得知了她的小名叫做莉莉,活泼漂亮的莉莉随即热情地邀请马歇尔进屋小坐,悠扬的乐声中,他们翩翩起舞,浪漫的爱情也就此扬帆启程。

也许有些爱情不但是缘分到了而且是早就注定的,在马歇尔为能找到这样一位气质非凡而又风采依然的美人儿感到庆幸和欢欣鼓舞之时。他不知道,莉莉也一直希望能与马歇尔相遇。她比马歇尔大四岁,她喜欢马歇尔拿着橄榄球奔跑的样子,在她的心中早就默默地将马歇尔视为自己未来的夫婿。此后,热恋的两个人开始了浪漫而刺激的约会。

姑娘的心事,马歇尔并不知道,但是当他第一次面对着眼前美丽的莉莉,就深深地为她所倾倒,拜倒在了她的脚下。"认真的相遇"使得这对不认识的男女一下子坠入了爱河,他们的爱情让人羡慕不已。

时光飞快,几年的军校生涯就要结束了。在充满波折的生活和学习中,马歇尔获得了巨大的成功。他不但用自己的实际行动向所有人证明了他的勤奋和努力,而且他还幸福地收获了属于自己的爱情。他突出的表现和骄人的成绩也使他被晋升为全体学员中唯一的一个上尉。马歇尔为完满地结束了自己的军校生涯。他将开始自己的新征程,奔向下一个目标,并为之付出努力。

这样的变化让马歇尔一家都高兴不已,全家人对马歇尔的看法大为改观。然而,一切却在马歇尔的女友莉莉出现的那一刻变得急转直下。原来,马歇尔的哥哥斯图尔特多年来一直在追求莉莉。当莉莉出现在马歇尔家里的时候,不仅莉莉自己感到吃惊不已,斯图尔特也大为吃惊。这让本来已经稍稍缓和的哥哥和弟弟之间的关系又再一次地变得紧张和微妙起来。在此之前,三个人——莉莉、马歇尔、斯图尔特对这一切,彼此间都毫不知情。虽然这突然出现的问题让马歇尔和莉莉都感觉甚为惊讶,但是一旦爱情之火燃起了火苗,发展态势只会越烧越旺,在爱河中尽情畅游的马歇尔和莉莉并没有因为这突然出现的紧张和微妙关系而有什么心理负担或是不自然的表现,他们依然甜蜜地经营着难得的爱情。这让原先就对弟弟经常横加指责的哥哥斯图尔特更加怨恨弟弟,他感觉弟弟夺走了他的一切。而马歇尔则一心地陶醉在了和莉莉如胶似漆的爱情当中而对哥哥斯图尔特变本加厉地在父母面前搬弄是非的事情不屑一顾。

俄亥俄河成了两人幸福的世外桃源,小溪边、绿荫下都留下了两人幸福的身影。蓝天与笑容交相呼应,手牵着手步履轻盈。面对着莉莉,曾经总是沉默的马歇尔总有说不完的话要对莉莉倾述。就这样,两个人变得更加亲密。

列克星敦,莉莉当年弹奏小提琴的地方,相连已久举行了婚礼,他们的爱情终成正果,为他们的两个人开心的人群中闪动着哥哥斯图尔特的身影。悠扬的乐曲声中,新娘莉莉眼波流转、美丽迷人。新郎马歇尔举止潇洒、英气不凡,挽着莉莉的双手向来宾们致谢。他们的结婚后的生活让别人看了很羡慕。

日子在一天天地经过,新婚生活的甜蜜也让两人快乐不已。但是生活哪有完美的,往往会有一些遗憾。美中不足的就是莉莉患有先天性心脏病,这对于马歇尔来说无异于晴天霹雳,对他的打击很大。莉莉因为病痛的折磨,不但不能参加剧烈的运动,而且更加重要的是她不能生育。这也就意味着和莉莉相伴终生的话,马歇尔将不可能拥有子女。看着美丽的娇妻,马歇尔在想自己娶回家的,难道是一个易碎的花瓶吗?他潸然泪下,在那许多个无眠的夜晚,他都是垂泪到天明。他感慨人生的不公,上天给了莉莉美丽的容貌、纤细的双手,却不能给她一个健康的心脏,让他和她都备受折磨。

然而,爱的承诺,神圣而不容侵犯。即使是马歇尔在军中服役,已经从少尉军衔晋升上尉的军衔,他们夫妻二人也必须要忍受着分离之苦,但对此两人并没有任何的怨言。在坚强的马歇尔心中有一种强烈的责任感和自信心,无论妻子的病有多么的严重,他终将守在妻子身旁,不离不弃。他也并没有因妻子不能生育而对她的爱减少分毫,反而是在得知妻子的情况后,对妻子更加关爱有加。他用他充满男人温度的炙热胸膛暖住了妻子那美丽虚弱的身体。他们乘着"爱情顺风"号航母一路向前!

在军队中，马歇尔也经常和妻子通信，在信中，马歇尔总是以最温柔的话语去关心、问候着妻子。他用细腻的话语问候着远在家中的妻子。每次和战士们提起自己的妻子，他总是眉飞色舞地说着自己的满足和幸福，在他的口中，妻子就像是他的守护神，保佑他在路途上走得坦荡，走得平安。他们的心灵在进行着默默地交流。直到多年以后，人们才在猜测中得知了这个被马歇尔埋藏了一生的秘密。

品行端正、激情十足、睿智勇敢的马歇尔恰巧具备成功者所最为需要的因素。为了完成成就自己的梦想，他决定做一件冒险的事情，向总统阐明自己的想法。然而，白宫并不是每个人都能随意进出的，由于没有事先的安排和预约，他只能选择在白宫门外耐心地等待。终于，他见到了总统麦金莱，并向他阐述了自己做一名优秀军人的理想。这次交谈中，总统也被这位年轻的气度与理想所感染。这次大胆地和总统的交谈，改变了他以后的轨迹。最终，马歇尔在陆军的新军中当上了上尉，他终于登上梦想的舞台了。

正是马歇尔自身的勇气和自信，使得他能够在众多的军人当中脱颖而出，成就了他人生的辉煌，也正是因为他所拥有的广阔胸怀，使他对妻子一直不放弃。

二战浪漫曲

因为来之不易，所以才更懂得加倍珍视。

加入美国陆军以后，马歇尔就对自己提出了严格的要求，他把大部分的时间都投入到学习军事理论当中。然而，不好的消息却传到了他的耳中，妻子莉莉的身体状况一日不如一日地在恶化，病情变得更加的危急。在听到消息的那一刻，马歇尔的脸色变得苍白，浑身打着冷颤，眼神中尽显迷茫。

由于马歇尔和莉莉的家距学校较近，所以他们结婚后的家就安在那里。于是，家、火车站与学校这三点一线便成为了马歇尔奔波的主线。在他们一起的日子里，马歇尔总是尽心地呵护着美丽娇嫩的妻子，对妻子的照顾简直是无微不至。他总是在努力弥补作为丈夫以前没有尽到的责任，他的大手要温暖地牵着莉莉的小手。

因为妻子的健康一直令人担忧，马歇尔在军队努力学习和训练的同时还要照料柔弱的妻子，虽然两人没有孩子，但是这毫不影响他们之间的深厚感情。马歇尔还常常以训练第一的成绩来鼓励和报答妻子对他的巨大支持。也就是转眼间，马歇尔在利文沃斯堡两年的学习生活结束了，那时是1910年，此时的马歇尔已经佩戴上了中尉的军衔。

在这一年里，繁忙的马歇尔抽出了四个月的时间为妻子作了一次旅行治疗。这段时间也是他们在一起最长时间、笑容最多、感情最浓的一次。远在欧洲的他们可以不受打扰地享受世界的美好。就像每天被功课压弯了腰、喘着粗气的孩子，可以逃离社会的压力，快乐而自由自在、简单而忘乎所以地享受自己的那段美好时光。

欧洲各个著名的风景都有他们走过的痕迹。他们手牵着手走在彼此的左右，尽情享受着生活的质朴和简单。他们还一起在埃菲尔铁塔下合影留念，在许愿池边掷出了自己手中的金币，为彼此祝福。莉莉最喜欢的是雅典的卫城和法国葡萄园的美丽景色，而英气十足的马歇尔则被雄伟的古罗马大斗兽场所深深地吸引，他仰慕那种具有血性的地方，这也像极了他的本真性格，喜欢挑战、热爱冒险。英国那古典意味浓厚的街景总是让烂漫多情、气质高贵的莉莉流连忘返，而丈夫却对英国的海岸线产生了很大的兴趣，进行着仔细的研究。德国的风土人情也是他们所喜欢的，西班牙的斗牛士更是马歇尔所崇尚的勇士模样。他们的旅行，是爱的表达，在欧洲的美景下，他们的笑容里满是对幸福的珍惜。

一路上，马歇尔对妻子莉莉呵护备至，如果遇到登山这种耗费体力的时候，他总是背着妻子，让她能看得更高更清，尽量弥补他亏欠莉莉的时光。而沉浸在欣赏美景和丈夫细心呵护与陪伴之中的莉莉完全像换了一个人，精神饱满、身体也有了明显地好转。二人的心情也非常的好，一路上莉莉都依偎在马歇尔的身旁，幸福地微笑着。这次旅行不仅仅是简单的观看风景、观光游玩，马歇尔还通过此行对欧洲的风土人情、总体国情、历史沿袭都有了更加深入的了解。这也为马歇尔在以后的战争生涯发挥军事才能奠定了坚实的基础。

当他们快乐地回到位于列克星敦家里的时候，却因为没有孩子遭来邻里的议论。加之哥哥家中已经有一个男孩，父母对于马歇尔结婚多年而无子女的事情也感到非常的着急。一时间，在马歇尔居住的社区谣言四起，使得马歇尔和莉莉承受了很大的压力。更有些好事之徒，添油加醋地将事态不断地扩大，谣言像野草一样，长得越来越高。而马歇尔作为一个体贴的男人却

二战将帅的婚姻生活

49

是没有任何的埋怨或者是情绪，依然如故地深深地爱着他的妻子。并且他还时常去安抚妻子莉莉的情绪，这让妻子的内心感到无比地温暖和自豪。

1918年是里程碑式的一年，第一次世界大战宣告结束，人们再次迎来了和平的曙光。马歇尔也因为自己出众的表现而得到了上司的肯定，在他年近不惑之时升任潘兴将军的副官。时间的车轮疾驰而过，1921年的时候，潘兴升任美国陆军参谋长，作为他的副手，马歇尔的军界生涯也变得平步青云。在结束了一段忙碌的军旅生活之后，马歇尔也迎来了一次难得的探亲机会，当他意气风发的回到家时，人们用热烈的欢呼声向这位中校表示着衷心的祝贺。这也使得本就顺风顺水的马歇尔感到自己的努力付出终于得到了大家的肯定。让岁月的风吹干旅途的尘，让美丽的梦温暖勇敢的心。

事业上获得了成就的马歇尔转而又尽全力投入到家庭的经营之中。马歇尔总是觉得自己陪伴妻子的时间太少了，妻子一人过得是有些冷清了。莉莉是幸运的，因为他遇到了一个知冷知热、知疼知痒的男人。可口的糕点、香甜的菜饭，总是让莉莉感觉到自己的幸福已然是世界第一。

1922年的时候，为了让这个家拥有更加温馨的感觉，也为了给这个家增添一些人气，马歇尔收养了一个可爱的女儿。小女儿聪慧美丽，做事大方得体，深得马歇尔夫妇的喜爱，虽然这个女儿是收养的，但是他们依然将他视为掌上明珠。原本两个人的家庭，因为有丈夫对妻子无微不至的关爱而愈显幸福，这回再加上女儿的到来更是给这个期盼能有个孩子的家庭带来了幸福的喜悦。

但是，和平的生活只是短暂的，因为世界在当时的情况下总体上还是不安定的。马歇尔接到命令，远渡重洋奔赴中国天津。

归期未知的忐忑心理让马歇尔始终放心不下妻子。尽管当时的中国社会现象极其复杂，百姓生活水深火热。但是马歇尔因为担当美国第十五军团的指挥官,需要驻守在这里。他不忍心把妻子一个人留在国内,于是便和妻子一起来到了中国,开始了他们在这里三年的生活。这期间,马歇尔因为有公务在身,并没有把全部的精力和时间都放在妻子身上。他把美国第十五军团从军事纪律到战斗素养,从军队的各项事务都安排的井井有条。

中国博大浩瀚的东方文化对莉莉这个西方女人产生了巨大的吸引力,无论是天津话还是北京话,无论是冰糖葫芦还是驴肉火烧,无论是文房四宝还是丹书铁契,无论是狗不理包子还是灶糖,无论是景德镇的瓷器还是描摹着兰亭集序的纸扇,莉莉对这一切都产生了很大的兴趣。她每天行走在古老的建筑与西式的洋房之间,看着码头上朝夕不停的轮渡,像一个孩子一样,像是从每一件事物当中都能发掘出一个博大的世界。尽管为了收藏和欣赏这些文化瑰宝和艺术精品,莉莉花费了不少的钱财,但是事后证明这实际上是发了横财。这样的开销可能对一般的美国家庭来说是一笔沉重的,但是对于马歇尔的家庭,这只是小菜一碟。而且只要妻子喜好的事情,马歇尔都百分百地支持,看到莉莉美丽的笑容,马歇尔觉得这一切都很值得。

为了让妻子在战火纷飞的年代也享受到最好的生活,马歇尔不惜花费重金聘请了 10 名佣人来为他们服务,而且几乎是所有天津高档的场所都出现过夫妻二人的身影。马歇尔家中收藏的奢侈品在当时足可以开办一个小型的古董店。他们的家庭殷实得让无数的家庭羡慕不已。马歇尔后来也回忆说:"在中国的三年,是我一生中最幸福的三年。"

时间匆匆走过,时间步履不停。

三年的光阴竟像拴不住的野马一般,再也无法寻回。在这些简单而又平常的时间里,马歇尔学会了很多的家务,养花、做饭、收拾家务都知晓一二。尤其是中国的名山大川,更是让马歇尔夫妇格外地喜欢,他们在观海听涛的意境中,仿佛能找到一个更加自然的自我,脱离尘世的烦扰,尽听山风呼啸、浪涛潇潇。

在这些简单而又平常的日子里,马歇尔学会了很多的家务,养花、做饭、收拾家务都不在话下。这回他可以把自己学习到的军事知识和军事训练的技巧和手段自如地运用到军事教学实践当中去了,看着新一代的军官们不断成长,他非常的开心和高兴。马歇尔和妻子也搬到了新家,开始了新的生活。这时莉莉的精神状态也好极了,自从她和丈夫从欧洲旅行回来,她的气质显出更多的自然、谦和,每逢丈夫有橄榄球赛她都一定会去观战和加油。虽已年过不惑,但是马歇尔依然保持着一种斗志昂扬的心态,望着赛场中丈夫像个年轻的小伙子一样,妻子莉莉也想起了他们在马歇尔的军校旁认识的情景,一切仿佛又回到了以前——阳光流转,微笑蔓延。

在家庭方面,小女儿的到来也渐渐地消除了妻子的孤寂,屋子里天天都回荡着她们的笑声,这也让马歇尔心安了不少。马歇尔是个勤快的男人,只要是他在家,所有的杂活都由他来打理,和妻子聊一聊工作和外面的事情,偶尔再送上一些让人感到欣喜的小礼物,生活的情趣便自然而生。

然而生活中并不可能完全是一路顺风的,该发生的事,躲也躲不掉。刚住进新家的莉莉突然感到身体不适,并由于情绪激动而引发了甲状腺疾病。此后不久更加令马歇尔担心的事也发生了,莉莉的心脏病也发作了。在医院中抢救的时间,最终成为了马歇尔与妻子莉莉在这一生相处最后的几百秒,时间突然在他们握紧的双手间变得好短好短。最后那一刻,马歇尔简直崩溃了,莉莉没能被抢救过来,在手术台上香消玉殒、永别人间,仅仅是用最深情的眼神和马歇尔说了一生最后一句话——我爱你!

没有莉莉的日子,马歇尔真的很不习惯,原来可以牵的那双手,现在也变得空荡荡的,原来属于他们的"小窝"也变得空荡荡的。至爱的人突然离去,让 47 岁的马歇尔痛彻心扉。在以后的很长一段时间里,他都无法从这个巨大的打击中解脱出来。对于马歇尔来说,莉莉成为了他永恒的伤痛。

外界对马歇尔一直没有亲生子女感到很是不解。然而,随着莉莉的离世,一切的不解也就此化开,人们开始对他们超越世俗的爱充满了向往。他们无比亲密的爱情关系,已然成为人们崇尚的典范。

马歇尔一直无法面对莉莉的死亡,精神也萎靡不。看到此时的马歇尔,家人都心疼不已,许多亲朋好友也都来宽慰他,也有人找他出去散心,但他始终都不肯离开他和莉莉共同生活过的地方。此后,马歇尔前往本宁堡军担任副校长。在亲人和好友的关心下,在新环境下,马歇尔渐渐地走出丧妻之痛的阴影。在新的岗位上,他也找到了自己的体现自身价值的所在。时间这剂良药让他在此找到正常生活该有的心境,迎接他的是洒满大地的阳关,吐露芬芳的鲜花。

无论早晚，缘分到了，两个人总会走到一起。也许，当他们感到实在是太巧合的时候，才发现原来他或她也在这里。一切竟成为这场相遇的铺垫，嘴角上扬的这一笑，竟也强过了千言万语。无论是也许还是可能，他们已经相遇。

1929 年仲夏夜，万里无云。美国的哥伦布市，晚宴的大厅里格外地热闹，马歇尔身穿笔挺的中校军服，身为座上宾的他和老友聊得格外地高兴。然而正当马歇尔与老友谈天说地，话到兴头之时，他的眼前突然一亮，虽然这让马歇尔的心顿时乱跳不已，但是他的脸上并没有表现出什么，他在心里暗暗地提醒自己，这是一种信号，也许他的后半生将因此不同。

一位女子站在马歇尔对面不远处，目光和凝视着她的马歇尔汇在一起，她个子高挑、妩媚动人、风韵翩跹，面容莹透无暇、笑容爽朗悦人。尽管是初次见面，但他们明显地已经注意到了彼此，女子上下关合睫毛的频率也在变快，并且杯中的酒只是送到唇边，便又轻轻地放下，好像在等谁的到来一样。

而在马歇尔的心中，他们也好像似曾相识一样。爱情的火花要两个人一起点燃才会更美丽，女子也同样被英俊沉稳的马歇尔所吸引。高大挺拔的身型在那身中校服的衬托下，给人一种强烈的伟岸感。当两人四只眼睛对视时，爱情已经有了新的篇章。

两人心照不宣，马歇尔便落座在了女子的对面，两人开始时眉目传情。

接下来便开始寒暄,彼此问候着对方。马歇尔得知女子名叫凯瑟琳,随后便大献殷勤地给凯瑟琳添酒夹菜。凯瑟琳也在没话找话地与马歇尔聊着,当她问到马歇尔会不会喝酒时,马歇尔并没有正面回答,只是幽默地问凯瑟琳结识了几个喝酒的军官,凯瑟琳带着温婉的笑容回答说:"有几个,可他们多是少校以下。"

马歇尔心中又燃起了年轻人一般狂热的感情,炙热的温度配上他们感情的热度,此时真的可以燃烧起来。马歇尔走出了痛失莉莉的阴影,他重新寻找到了自己未来的目标人选。在接下来的日子,马歇尔几乎是每天都要和凯瑟琳见上一面,他们唱歌、跳舞、逛公园、吃大餐,他们再次陷入了爱的漩涡之中,并深深地陶醉其中。

但是,无论多么传奇的爱恋也都要经受现实的考验,不走过这一关,就算他们彼此相爱,也只能是嘴上的诺言。所以,他们都向彼此坦白了彼此的身世和经历。只有这样开诚布公的对待彼此,他们即将开始的婚姻,才能拥有幸福的保障。但是毕竟两个人都是结过婚的人。此时的凯瑟琳虽然风韵犹存,但是她已经 46 岁,并且是三个孩子的母亲。凯瑟琳是教师的女儿,是迷恋莎士比亚戏剧的戏剧演员,一生最大的追求就是表演自己所至爱的莎士比亚戏剧。这一切她都做到了,所以她感觉自己非常幸福。但是,她过往生活的经历却让她感觉到了世事的无常。凯瑟琳原来的丈夫是一位著名的律师,在一次仇杀中被害身亡。凯瑟琳不得不独自地担起生活的重担,她也不得已离开了自己最最喜爱的戏剧表演舞台。尽管她一个人抚养三个孩子要付出更多的心酸和泪水,但是她把自己所有的爱都放在到了孩子们的身上。每天周转在繁复的家务当中,再加上三个孩子的调皮,凯瑟琳的内心也苍老了不少。但是,经过了岁月的洗涤之后,三个孩子已经成人,他们的成长让凯瑟琳感到尤为地欣慰。他们不但学习成绩优异,而且彬彬有礼,前程无忧。这让作为三个孩子母亲的凯瑟琳的面上再次出现了久违的笑容。能够遇到马歇尔这样事业成功、人品优秀的男人。凯瑟琳感觉这是一种生命中必然会出现的缘分，尽管她以前对命中注定的说法不是很相信，但是她现在却执着地认为，马歇尔就是与自己走完后半生的那个人。

自己单方面的认同是没有用的，爱情和婚姻都是两个人的事情，凯瑟琳也开始思前想后地捉摸不定起来。因为马歇尔的真实想法她并不了解。看到马歇尔的条件，凯瑟琳真的感觉有些力不从心，认为自己有些配不上马歇尔。而且，女人是没有安全感的，人已步入中年，再也经受不起大的打击，她的心里在谨慎的同时非常的矛盾。

然而马歇尔的爱情攻势却一波又一波地如潮而来，凯瑟琳本就忐忑的思绪，更是变得犹豫不安起来，内心在莫名地悸动。

马歇尔知道了凯瑟琳内心的想法后，更是感觉自己已经十拿九稳，就像猎人抓到了小兔子一样，高兴得上蹿下跳。

作为一个单身女人，凯瑟琳担忧的事情有很多。很重要的一点就是她的三个孩子，只有孩子都喜欢马歇尔，她才能选择这位上校。犹豫不决的时候，凯瑟琳把马歇尔带回自己家里，她完全没有料想到的是，她的三个宝贝对马歇尔都非常地喜欢，他们很快就打成了一片。

看到这样的情况后，凯瑟琳脸上浮现出了甜蜜的微笑，她再也不用担心什么，点头应允了马歇尔的求婚，他们幸福地相拥在一起，哭泣。

二战浪漫曲

家里的贤妻良母

在神圣的教堂里，马歇尔挽着凯瑟琳的手，接受这亲人和朋友的祝福，有情人终于走在了一起。

两人陶醉在婚姻的幸福中，体会着中年迎来新幸福的珍贵。凯瑟琳细致入微地照顾着马歇尔的方方面面，而马歇尔也是一有时间就会帮助妻子料理家务。并时常给他带来自己仔细挑选的礼物，带给她新生活的新惊喜。凯瑟琳的厨艺也大为长进，婚后的凯瑟琳也比结婚前胖了不少，而马歇尔则开玩笑地说道："珍珠都这样圆润可爱。"一家人满心欢喜地享受着难得的开心生活。

然而，时光毕竟匆匆。1936 年 9 月，当时的陆军参谋长马林·克雷格在经过细致的调查走访和研究后决定，让马歇尔成为准将，去往范库弗兵营担任旅长。马歇尔很高兴自己能够到范库弗兵营任职，在那里有很多他的学生和同窗旧友，想起那些闪着金光的旧时光，马歇尔就觉得自己又回到了那个年轻气盛的年纪，他可以尽情地施展自己的才华。

家里的娇妻凯瑟琳在听到马歇尔晋升为将军时感到无比的高兴，她认为自己是看对了人，马歇尔的能力一定会得到承认。这一次的晋升就是对于马歇尔兢兢业业 18 年，在基层工作的回报和肯定。

凯瑟琳也没有高兴得很，她仍然满心欢喜地照顾着这个家，而马歇尔也是一连几天都收到了凯瑟琳打来的祝贺电话，当马歇尔第一回接到电话时，他竟然有些哽咽，想想从儿时调皮而屡遭父亲的狠揍，青年抱着橄榄球挥汗如雨地奔跑在比赛场上,和莉莉从相识到心照不宣的约定终生,再到莉莉撒手人寰、与世长辞,后而又从感情的低谷中走出来,遇到凯瑟琳,直到今天成为了将军。一路走来,几许心酸、几许无奈、几许希望、几许惆怅,顿时间,感情的起落沉浮,万种滋味在心头.

18 年中,马歇尔渐渐摆脱幼稚。从一个新军中的普通士兵走向战场,又从教官走向了军官,陆军中的几乎每一个岗位都留下了马歇尔的足迹。他凭借着自己的聪慧和努力,研究出了一条具有马歇尔风格的带兵之路,扎实地向前迈进。

然而到了军营后的马歇尔却发现,问题并不像自己印象中那么简单。士兵的纪律问题就是一个亟待解决的大问题,他们不仅不服从指挥,而且好吃懒做,更为棘手的是在军营中还存在着种族歧视的问题,老兵欺负新兵的话题已经没什么稀奇的了。一系列的问题摆在了马歇尔的面前,让他一时间也感觉到自己身上的责任很重,任重道远。而且士兵们在原来长期的不够严格的管理中还养成了对命令和管理置若罔闻的习惯,对于马歇尔的命令也熟视无睹。多少个不眠夜,马歇尔都在想着如何处理这些问题。这样的军队带出去,不但给美国人丢脸,而且他们的素质和状态根本就不能打仗。

但是马歇尔从来是不惧怕任何困难的,他通过对军队中的调查走访和对官兵们做思想工作,并以自己的实际行动来身先示范。他亲自做示范、克勤克俭地做完他所要完成的全部工作。虽然在后来的军事生涯中,罗斯福总统的军事计划遭到了马歇尔的反对,而招致二人的联系变得微妙。但是,无论丈夫在事业上遇到多大的困难,妻子凯瑟琳都是丈夫最好的后盾,她依然活力四射地迎接着充满希望的生活。

既然两个人已经成为夫妻,那么当遇到苦难时,两个人就要彼此相扶挽。事业和家庭作为人们生活中的中心而变得尤为重要，人们的整个生活节奏也是围绕着家庭和事业展开的。而恰恰是在生活中，人们要应对很多的烦恼和灾难。有些灾难的到来也没有任何的前兆，来的那么突然。一天，马歇尔的心情非常的愉悦，凯瑟琳看着丈夫开心的样子，决定陪丈夫一起骑马出外散步。但是，意外却在这时发生了。突然间，一声巨大的炮响把他们所骑的马都给吓到了。马歇尔及时地勒住了马的缰绳，并没有出现什么问题。可是平常很少骑马的凯瑟琳就没有那么幸运了，她平平的骑马技术在这时暴露出了很大的问题。再加上凯瑟琳在心理上并没有任何准备，一瞬间，就从马背上重重地跌了下来，几根肋骨当即摔断。

马歇尔在心疼妻子的同时感到非常的内疚，他责怪自己当时只顾自身的安危而没有顾及妻子。在凯瑟琳养伤的日子里，马歇尔请了假陪在凯瑟琳的身边，妻子的伤痛让马歇尔的心里很过意不去，他没有办法帮助妻子减轻疼痛，只能在妻子的身边陪她聊天。给妻子买来她最喜欢的郁金香。

然而，公务繁忙的马歇尔却不能一直陪伴在妻子身边照顾她，已经是参谋长的马歇尔必须要参加很多的社交应酬。在凯瑟琳的身体稍稍恢复一些的时候，马歇尔就不得不出去应酬。有的时候，马歇尔在和朋友寒暄一阵之后，就借故回家照顾妻子，这也让在养伤中的妻子感到些许的欣慰。

有马歇尔这样地位的丈夫，凯瑟琳也自然要做出一些表率才行，她认为只有这样才能配得上这么才华横溢的丈夫。凯瑟琳时常代表马歇尔参加一些慈善活动，接受记者的采访，慰问军人的家属，也同时照顾一些因战争而受到伤害等。这样贤良淑德的妻子，马歇尔是看在眼里、爱在心里，觉得妻子真是一个善解人意的好妻子。而马歇尔也是一有空就在家里陪妻子，因为他知道自己身为参谋长，能够陪伴家人的时间一定是少之又少。所以，他在不断地加紧努力，将自己的爱，通过生活中的体贴，默默地反哺给妻子,因为妻子的默默奉献和长时间的一人操持家务,常常令马歇尔感到很是内疚。

在婚后的生活中,二人可谓是相敬如宾,是一对让人艳羡的夫妻。但是,再好的夫妻也会有吵架的时候,因为世界上总是有事情在不停地发生,谁也无法预料。有一次,令凯瑟琳落泪的事情发生了,而事情的起因却因为一条可爱的狗。

那是一条名叫"弗利特"的达尔马提亚种狗,它是马歇尔最爱的宠物。然而这条被美国陆军参谋长宠爱有加的狗却总也安静不下来,它总是东张西望,试图探索每一件事情的奥秘,就像个达尔马提亚探险家一样。但是更加有趣的却是这条可爱的狗,总是找不到自己的家究竟在哪里,因为这个,这条狗不知道迷了多少次路,让主人为它费劲了心思。不好的事情终究是发生了,这条狗没有找到回家的路,这可急坏了凯瑟琳。再过不久,出差多日的马歇尔就要回到家里,他要是找不到他喜爱的"弗利特",一定会感到很沮丧,甚至是大发雷霆的。虽然马歇尔和她结婚多年都没有和她发过脾气,但是她相信为了这条至爱的狗,他一定会这么做的。

再有几个小时,马歇尔就要到家了,必须马上把"弗利特"找回来才行。但是凯瑟琳想来想去也没有想出来什么能够找到"弗利特"的好办法。凯瑟琳一筹莫展,非常地着急。她已经走遍了大街小巷,他们常带"弗利特"去的地方也没有见到"弗利特"的踪影,凯瑟琳也不知道怎么才能在马歇尔回来之前找到"弗利特"了。"铃!铃!铃……铃!铃!铃……"电话的响声突然响了起来,凯瑟琳紧张地盯着电话,猜想一定是有人找到"弗利特"了。果然,一个海军部的值班人员说他找到了"弗利特",还向凯瑟琳报告了"弗利特"的颈圈上的名字和号码。"那太好了。"凯瑟琳在电话中说道。她准备带着钱去把"弗利特"领回来。

然而，当她到了海军部的值班室说明了自己的身份是马歇尔的夫人时，值班人员却改变了他的主意，他决定不向马歇尔的夫人要酬金，而是转而希望凯瑟琳利用她丈夫的影响，帮助自己在海军部里找到一份美差。但是，凯瑟琳是知道丈夫马歇尔的脾气的，他绝不会答应自己的妻子用这样的方式换回"弗利特"，于是，凯瑟琳坚决拒绝了值班人员的要求。让人无奈的是，值班人员却以放走"弗利特"为要挟，凯瑟琳只好写了一封推荐信，来交换"弗利特"。

当马歇尔回来时，凯瑟琳就一五一十地将刚才发生的事情如实地告诉给了马歇尔。当马歇尔听完凯瑟琳的话时，大发脾气地指责凯瑟琳随便使用他的职权，以权谋私。他即使再也见不到"弗利特"，也不允许任何人去做这样的交易。这让凯瑟琳感到很是委屈，连成串的泪珠从她的脸庞上跌落了下来。

凯瑟琳早已料到了马歇尔一定会调查此事。于是她预先地留了一份信件的底稿。她一边哭一边把藏起来的的底稿拿给马歇尔看，马歇尔看后便哈哈大笑起来，原来上面写着关于让海军帮助找狗的事情。

马歇尔见此，不禁紧紧地将妻子拥入怀中，两个人久久地伫立在那里。一旁的"弗利特"也开心地围绕着主人不停地转圈，余晖中有着二人浅浅的笑容。

二战浪漫曲

　　思索是一件复杂的事情,回忆的过程就像是翻家底,人们总是需要把自己的昨天底朝天似的倒过来,才能对事物有一个清楚的了解和解析。走在清晨河畔的马歇尔脚步轻盈,步履间显出阅尽人世沧桑的从容不迫。此时的他却思考着进行已久的战争,不知道有多少人为之付出了生命,更不知道有多少人过着四处漂流的生活。

　　在第二次世界大战中起到较为关键作用的马歇尔,此时在美国国内已经成为了风云人物。美国的各大报纸、广播等新闻媒介,对于马歇尔都做了积极地宣传。他的夫人凯瑟琳也因此很是自得,她为自己能够成为功勋卓著的马歇尔夫人而感到自豪。人们对他的褒扬已经达到了一个高潮,他就像是一个英雄一样,成为人们所敬仰的对象。

　　1943 年 12 月 31 日是日历表上普通的一天,然而,它又是格外特殊的一天,63 年前的这一天,马歇尔来到了人间,63 年后的今天,他已经成为了一位白发苍苍的老人。经历了人生的一个又一个片段。63 年前的美国的尤宁敦是个美丽的小镇,如今依旧在展现着它的美丽。在不知不觉的忙碌中,马歇尔已经步入了老年阶段,他已经不再是那个球技很好的小伙子了。

　　在外漂泊的马歇尔让人非常地担心,和他一样的同龄人都在这个年纪尽享天伦之乐了,而他却要在外整天整天地奔波,没有个停歇的时候。今天正巧是马歇尔 63 岁的生日,但是他因为公务的繁多,已然记不清自己到底还有个生日要过。但是马歇尔的上司、陆军部领导人史汀生并没有忘记马歇尔的生日,他为马歇尔准备了隆重的生日宴会,给了他一个大大的惊喜。在宴会上,史汀生表达了对马歇尔的祝福以及敬慕之情。这一次的生日,让马歇尔终生难忘,陆军部长的招待,对于年迈的马歇尔来说无疑具有重大的意义。此次举办的宴会彰显了马歇尔在陆军的地位,也是对他工作的肯定和认可。

此时的马歇尔已经步入老年,经历了 60 多年的风雨沧桑、悲欢离合的老人却对自己更加自信了,也变得更加坚强了。经历就是财富,戎马生涯已经把他锻炼成一名打不垮的战士。在他的面前没有战胜不了的困难,没有拿不下的城池,他可以带领冲锋队,奋勇向前。

就在二战胜利的前一年,也就是 1944 年 1 月 3 日,《时代》杂志的封面上刊登了这一年度的"新闻人物"——马歇尔。《时代》杂志每一年都会选出一位新闻人物,然后刊登在杂志封面上。这本杂志自创刊起就成为全世界最有影响的杂志之一,发行量在百万份以上,一直被认为是美国政治的晴雨表,也广泛被欧洲的政治家们青睐,以此可见它的重要性。

当人们看到马歇尔身着军装在《时代》杂志封面上的大幅照片时,人们都被马歇尔英气逼人的气质所折服。《时代》杂志给予了马歇尔这样的评价:马歇尔身穿将军服,却是美国民主社会平民之主体精神的意象,获得了举世的崇敬。他是'国家的监护者',是美国新闻界乃至政治军事上不可缺少的人物。

在马歇尔的心中,国家的利益是最重要的。从他是一名军人的时候,他就是这样想,同时也是这么办的。当马歇尔当上美国陆军参谋长之后,军权在握之时,他更是将国家的利益放在了第一位。对于维护国家的利益,成为了他至高无上的责任。自马歇尔上任以来,仅在几年的时间里,他就训练出了在美国历史上最大的一支武装力量,其规模达到了 800 万之众,而他在非洲、地中海、波斯湾、印度等地,协助罗斯福总统指挥着这支勇武的部队,取得了连续性的让人惊叹的胜利。

身为妻子的凯瑟琳也为有着这样的丈夫而感到无限地光荣和自豪。每次和丈夫马歇尔一起去参见各种各样的宴会的时候,妻子凯瑟琳的脸上都流露出无限的开心和愉快,不仅让人格外地羡慕,同时也让人敬佩他们这对夫妻的恩爱。

在凯瑟琳一人在家的时候,她常会对镜傻笑。暖暖的阳光照耀着脸颊的时候,她也为明天的美好生活准备了更多的向往和祝福。

无上的荣耀

成大事者不需以名节、官衔压身,有了现实的价值认可和人民的赞许之后,其他就不再那么重要了。达观者视名节、官衔于不顾,感受没有名利烦扰的生活。马歇尔就是这样的一个人,淡泊名利、乐享人生。

工作中的马歇尔总是能展示出他作为成功男士的魅力。他做事果断而有章法,经他管理的部门总是井井有条、秩序井然。具有高超军事素养的马歇尔对于执行起来颇费周折的任务,从不畏难惧险。马歇尔总是说,自己就是喜欢啃难啃的骨头。无论是在战场上,还是在协调与盟国、国会之间的复杂关系,马歇尔都能很熟练地处理的非常的得当,令人无可挑剔。

当然,即使马歇尔是工作上的强者,他也没有忘记对他来说非常重要的妻子。在协调妻子和工作的关系上,马歇尔拿捏的很到位。他利用自己很高的工作效率,把每一件事在什么时候去做、什么时候完成都安排得很妥当,没有疏漏之处。这使得马歇尔在答应妻子出外散步、郊游时从不会失约。这让喜欢游玩与怕耽误了马歇尔工作的凯瑟琳感到非常的满意。马歇尔知道妻子很喜欢品尝法国菜,于是他在有时间的时候,就去跟人学习法国菜的做法。他还时常关心孩子们的学习和事业,每一个人的生日和爱好,都在马歇尔的心中记得非常地清楚。尤其是在回到家里的时候,马歇尔一点也不像是美国陆军参谋长、一个五星上将,而就是一个普通的居家男人一般,随和地像一个孩子,成熟却不失幽默地和他的家人共享法国菜的独到美味。

对于家人的感受，马歇尔从很多细节方面都予以了关注，其中也包括自己做的法国菜是否符合家人的口味。平时他不在家的时候自会有佣人处理这些琐碎的小事，但只要马歇尔有空就会亲自上阵做菜，而且不用任何人帮忙，一个人在厨房的小天地里尽情地施展五星上将的神奇美食魔法。

短暂的退休

　　漫长的军旅生涯让马歇尔感觉到有些疲惫。接近半个世纪的军旅生平，马歇尔把自己的青春和生命都放在了军队建设中。这位垂暮的老人也真的觉得自己该把工作上的事情放一放了，毕竟妻子似乎付出了全部。安享晚年的金色时光才是他此时此刻想要做的事。于是马歇尔萌生了辞职的念头。在经过不断地思考和踌躇之后，马歇尔把自己的这个决定告诉给了妻子凯瑟琳，让马歇尔完全没有想到的是妻子凯瑟琳无比高兴地就同意了。其实在凯瑟琳的心中早就产生了让丈夫歇一歇的想法，丈夫这奔波了这么多年，着实是太过辛苦了。所以，当马歇尔在经过了犹豫和踌躇之后，告诉妻子自己的想法之后，她很是高兴丈夫终于能够不用太过辛苦了。

　　人的一生掐来算去，不过是几十年的时光而已，如果把这些幸福的日子都放在工作上，最后剩下的时光便是那金色的晚年。那金色的晚年就像是那历经几十年的美酒陈酿，充满了人生积淀的厚重之味。

　　凯瑟琳为了安度晚年，在普利茅斯买了一座庄园。那里是许多人都向往的宜居圣地，和煦的阳光、新鲜的空气、柔和的微风，所有的一切都很享受。在那里种一些自己喜欢吃的菜，每天握着马歇尔的大手散散步，一起在绿树的掩映下谈天说地，将是多么美妙的事情啊。一想到这些美好生活的打算，凯瑟琳就仿佛是已经住进了普利茅斯的庄园里一样，不免一阵狂喜。看到妻子做的一切准备，马歇尔辞职的决心也更加的坚定了。于是，在1945年8月22日，马歇尔郑重地向杜鲁门总统递交了一封辞职信：

"亲爱的总统先生:

战争已经胜利地结束了,我在陆军参谋部已任职 7 年之久,对此,虽然我尽心尽力,但我已心力交瘁,因此,我恳请您撤除我的参谋长职务,使我在余生安享晚年。

若是您能让我对陆军参谋长的继任人选提一些意见的话,那么,我认为,艾森豪威尔是再好不过的人选了。"

一封辞职信,马歇尔已经犹豫了许久,但最终他还是做出了辞呈的选择。他的信简洁而内容翔实,不但将自己去意已决的想法明白地说了出来,而且还不忘提拔具有才干的人员去担当大任。消息不胫而走,所有听到这个消息的人都感觉到震惊,但更多的是对马歇尔的不舍,人们对于这样一位对美国、二战、乃至是全人类,都贡献颇大的人也表示出了尊重和理解。在当时的全美各州就有很多人掀起了一场推选马歇尔为下任总统候选人的运动。然而,马歇尔去意已决的想法却让一直支持马歇尔的人,感到有些莫名地失望。

艾森豪威尔的归来是马歇尔一直期待着的。1945 年 11 月 20 日,马歇尔将自己的职位转交到了艾森豪威尔的手里,此时的他感到如释重负,自己的军人生涯也就此结束了。

在白宫,美国总统杜鲁门隆重地为马歇尔举行了告别仪式,并将一枚象征着美国政府和人民对马歇尔赞扬的橡树叶勋章颁发给了马歇尔。这是马歇尔在美国陆军参谋长这一职位上任职 7 年以来,唯一接受的一枚勋章。在隆重的告别仪式上,杜鲁门宣读了对马歇尔的嘉奖令,并深情地赞许了马歇尔从军 40 多年以来,建立的不朽功勋,也表彰了马歇尔为美国培养出多达八百多万人的强大军队，以及在第二次世界大战中，他为人类的和平所作出的突出贡献。发布完嘉奖令，现场出现了很大的欢呼声。人们都为马歇尔所做出的贡献和努力感到由衷的感谢和欣慰。

结束了社会性的事务之后，马歇尔终于可以开始安享自己的晚年生活了，马歇尔的新生活也就此拉开了帷幕。一星期后，马歇尔就兴高采烈地和凯瑟琳搬进了多多纳庄园。看到妻子凯瑟琳脸上露出的幸福笑容，马歇尔也高兴地和妻子跳起了舞。

终于可以愉悦地过自己向往的生活，这是马歇尔和凯瑟琳都期盼了太久的事情。以至于，搬进新家的前一天晚上，凯瑟琳和马歇尔都失眠了。两位已近暮年的老人，畅想着对于新生活的种种向往。凯瑟琳说她要种很多自己喜欢的蔬菜和花朵，而马歇尔也说要再养几只像"弗利特"一样，让他喜欢的狗，陪伴他们一起快乐地生活。这天一早，凯瑟琳就早早地起来收拾行装，他们搬进了多多纳庄园，两个人为新家忙得不亦乐乎。

马歇尔更是不顾自己的已到垂暮之年的身体，很多重活都要亲自上阵，妻子凯瑟琳则提醒他要慢点轻点干活，一大把年纪了，一定要保护好自己。这样的关心让马歇尔听在耳里、暖在心里。某一天，正在享受平静生活的马歇尔忽然接到了一个电话，电话是杜鲁门打来的，杜鲁门说他有一些重要的事要和马歇尔说。

杜鲁门在电话里说道："亲爱的马歇尔先生，很抱歉打扰了您平静的生活，若不是因为出现了紧急的状况，我也不想在此时打电话叨扰你。作为一国的总统，我为我的食言而感到惭愧。但是，为了国家的利益，我不得不这样做，希望您能够谅解。"

"最后一次，这次回来之后，我一定好好地在家里陪着你，哪儿也不去了。"真的不知道，马歇尔还是凯瑟琳，他们到底还有多少时光可以去共度。

凯瑟琳的泪在马歇尔上前去拥抱自己的那一刻就落到了地上。嫁给了这个男人，就要从头到尾的尊重他的选择，这是凯瑟琳在和马歇尔结婚那天就在心里暗暗对马歇尔发下的誓言，她到现在这一刻，仍然在不停地坚守着。

为了美国的利益，马歇尔违背了对凯瑟琳许下的诺言，去往中国完成他新的工作。纵使凯瑟琳非常的无奈，但是，为了尊重马歇尔的选择，凯瑟琳并没有说什么。

日夜的辛苦和劳顿使马歇尔感到了疲倦，他自己也发现近来身体越发地难受起来。自己的身体经常被莫名的疼痛所折磨，并且这种疼痛有着不断加重的趋势。终于有一天，马歇尔去医院做了全面的身体检查，结果却吓出了一身冷汗。马歇尔的右侧的肾因为囊肿，已经比左肾整整大出了一圈，他必须马上接受手术。然而，马歇尔此时却犹豫了，想到马上就要在巴黎召开的第三届联合国代表大会，这次大会涉及到美国的切身利益，如果他接受手术的话，就无法去参加会议了。这怎么能让马歇尔不矛盾呢？在他的心中，国家永远是第一位的。

在巴黎召开的会议激烈异常，为了自己所代表国家的利益，所有与会者都使出了看家本领，据理力争，马歇尔也在坚持着为自己国家争取更多的利益。这期间，美国国内形势也是风起云涌，总统大选如期而至，选举的预热阶段已经开始。就在马歇尔准备将柏林问题移交给联合国代表大会的时候，杜鲁门为了拉选票，准备向苏联妥协。

因为国际问题的复杂，处在国际前沿的人物，自然也不轻松。他们在面对不一样的问题的时候，还要担心的问题就是自己的安危问题。马歇尔在巴黎期间，已经得知联合国派往以色列调查巴基斯坦问题的瑞典的伯纳多特伯爵遭到了恐怖组织的暗杀。出于安全因素的考虑，马歇尔提出了回国述职的建议。但是当马歇尔下了飞机回到祖国的时候。人们却怀疑马歇尔是回来辞职的,即使马歇尔否定了这一说法。

待简要的述职报告结束后,马歇尔又日夜兼程地回到了巴黎,继续参加第三届联合国代表大会。由于没有良好的休息和调养,马歇尔的病情严重地恶化了,疼痛变得越来越难以忍受,不得已,马歇尔提前回国接受了手术治疗。华盛顿陆军里德医院,凯瑟琳在手术室外焦急地踱着步子,她双手合十,为马歇尔不断地在祈祷,希望他能挺过去这一道难关。她的头上已经渗出细汗,心在很快地跳个不停。因为他们还在期盼着一起过上幸福的生活。一生期盼,一生等待。

时间是漫长而难熬的,凯瑟琳不知在手术室的门外等待了多长的时间,手术室的那扇门如果是一个人的眼睛的话,它几乎已经被凯瑟琳长时间的注视给看穿。门终于打开了,凯瑟琳意识到,无论手术成功与否,都已经产生了一个结果了。 然而,医生也并没有马上回答,而是像是刚放下很重的担子一样一般地,喘出了一口很长的气:"可以放心,手术很成功。"医生随后又加上了一句话。"虽然马歇尔先生现在是脱离了危险,但是由于是肿瘤,仍需要住院再观察一段时间。"

很快,马歇尔手术成功的消息就传开了,大家都为马歇尔能恢复健康而感到格外地高兴。

由于马歇尔刚刚接受完手术,身体相当虚弱。杜鲁门特地为马歇尔夫妇安排了去往波多黎各的海军基地进行进一步的疗养。因为波多黎各适宜的温度、充足的阳光、水汽也非常的充足,对马歇尔身体的恢复比较有利。

然而,虽然是休养极佳的地方,但是马歇尔的身体仍然非常的虚弱,年老体衰,使得马歇尔本就处在繁忙紧张状态下的身体在经历了手术的创伤之后元气大伤。在波多黎各调养的那段时间里,马歇尔并不能做太多的运动,凯瑟琳给予了他无微不至的照顾,而且非常体贴地陪在马歇尔的身边寸步不离,生怕马歇尔再发生什么意外。对于马歇尔的一切生活起居问题,凯瑟琳都安排得很是妥帖,尤其是在饮食上,为了能够让丈夫早日恢复健康,每天,她都会做些富含营养的食物,而且尽量使食样不重复,这对马歇尔恢复健康是极为有力的。望着马歇尔暖暖的笑容,凯瑟琳的心中也有一阵一阵的暖流流过。

而每每是到了晚上的时候,也是两个人感觉到最温馨浪漫的时刻。二人靠在一起,回忆着当初相识的情景,再回忆彼此的童年、少年时光,一片树叶、一封长信、几块糖果、多年的等待,觉得走来走去还是走回了原来的那个位置。完成一种含金量十足的任务,做一个实在的存在。一天,凯瑟琳的心情特别好,于是她满脸微笑地请求着丈夫,为她来做一顿法国大餐。丈夫欣然同意了,但是妻子仍旧是在丈夫几次都将他推出厨房后仍是不放心地又回到了厨房,给丈夫打起了下手。因为凯瑟琳也想品尝一下夫妻二人共同制造的法国大餐。

天气好的时候,凯瑟琳就会陪着马歇尔去散步,看着年轻人们生龙活虎的样子,马歇尔和凯瑟琳更是握紧了双手,感觉时光对他们来说已经越发地珍贵了。再美的风景也美不过他们两个人幸福地牵着手在一起的时光,尽管只是散散步而且,却使人的心情格外地愉悦,精神爽朗。当春天的脚步临近的时候,在妻子凯瑟琳的照料下,马歇尔的身体也恢复的差不多了。马歇尔的面色也从最初的蜡黄变成了粉红。于是,他们告别了老朋友伦纳德在新奥尔良为他们准备的快乐的狂欢节,回到了华盛顿。

最后的奖章

在回到华盛顿之前,马歇尔的身体已无大碍、恢复得很好,精神也很饱满。华盛顿方面发来消息说在 12 月 10 日将诺贝尔和平奖被授予马歇尔,马歇尔感到能被授予这个奖很高兴。继而,杜鲁门、艾森豪威尔等人也相继为马歇尔发来了贺电,对他恢复健康和即将被获得这个奖项表示由衷的祝贺。

马歇尔这个年纪的人,担心的已经不再是能够拥有多少的荣誉或是多高的地位、多少金钱,能够拥有自由快乐的心情和健康的体魄才是他们最需要的。凯瑟琳现在最担心的就是马歇尔的身体,她劝说马歇尔还是找人代为领奖。马歇尔也考虑了这些因素,但是出于对这个奖项的尊重,他还是决定自己亲自去领奖。

颁奖时,大厅里灯火通明,下面坐满了人。坐在第一排的有国王和其他显贵、政要,这样隆重的场面充分地显示出了诺贝尔奖对于马歇尔的尊重。评奖委员会称:"把这个奖项颁给一个职业军人,这在以前还没有出现过。我们并非是对他们的战功的奖励,而主要是对马歇尔先生在战后为欧洲国家的经济的复苏和稳定社会所做出的贡献和辛劳给予赞颂。我们希望其他热衷于战火的人能够向马歇尔学习,希望世界人民都记住这位伟大的美国人。"

"把诺贝尔和平奖授予他,这件事有很大的讨论空间,包括我在内都很惊讶于评委们的这个决定。这些讨论肯定会对一些产生一定影响,但对于我来说却是过眼云烟。如果说人言可畏的话,那我早就该淹没在人们的骂声当中了,当然我现在能好好地站在这里,说明我并不在意别人对我的评价。我清楚地记得,像我们这样的将领,一般看到的都是一些稍显繁琐的关于战争方面的一些费用,这些花费都是建立在人民的血肉上。为了使全世界的人民能够在祥和的氛围中长久的生活下去,很久以来,我在寻觅可以不让战争发生的办法。我几乎用一辈子的时间在做这件事,这非常 符合我的初衷,我现在所做的事也是为了这个努力。就算有人将我看做邪恶 ,我其实想给大家带来和平。 ”他的言辞恳切而有力,在平淡的话语中表达了对未来世界的希冀和向往。所有在场的人都为他拍响手掌,这位迟暮老人在这一刻,他的人生更是走向了一种更高的境界。他的手掌上仿佛拥有无限的力量,在朴素的基调作支撑的人生信条之下,平淡地领悟着这一份恬静的美。

这次出行使马歇尔的心绪难平,他将这次出行的记忆写成了一封长长的信,那上面不仅有他的个人见闻,更加重要的是马歇尔对于此行的领悟和感受。写好信件之后,他将信寄给了远在美国华盛顿的杜鲁门夫妇,当他收到回信时,喜悦充溢了马歇尔夫妇的内心。回想起他协助罗斯福总统指挥美军征战世界各地,为了人类的和平而去抗击法西斯部队的时候,那些艰苦的岁月。炮声轰隆、火光照亮天空,生死相隔一线的时候,人在经受着一种怎样的艰难考验,才能获得珍贵的和平。回想起这些,马歇尔真是觉得时间的短暂和自己未完成的事业还太多,然而自己已然垂老,在接下来的时间里恐怕再无精力去做一些惊天动地的事,然而这一切的成就、付出和回报,已让他感到知足。

欧洲的旅行对于马歇尔来说是尤为难忘的,愉悦的心情和愉快的体验使他暂时忘却了病痛给他带来的痛苦体验,然而他的病痛对他这个老人来说依然是一种痛苦的折磨,但是对于这一切看在眼里、急在心里的凯瑟琳却并没有什么更好的方法。于是著名的里德医院里便有了马歇尔这位常客。

功高者自不必多言劳苦,在人间,朴素乃自大成。

在马歇尔的一生从军生涯中主要辅佐了罗斯福和杜鲁门两位总统,可谓两朝老臣。在杜鲁门总统任期届满的 1952 年底的时候,由他为马歇尔在马歇尔成长和学习的弗吉尼亚军校设立了一所马歇尔图书馆,同时,还在社会人士的赞助和学校方面的努力之下,组织成立了马歇尔研究基金会。

糟糕的事情此后又发生了,马歇尔在 1958 年的下半年又不幸地摔伤了了,一根肋骨折断。经过了很长时间的治疗和修养之后,马歇尔才走出了里德医院。

此后,马歇尔的身体更是每况愈下。1959 年患上的中风让他全身瘫痪且丧失了说话能力,脑部痉挛也时有发生,来看望他的客人望着轮椅上的马歇尔,感觉到人世的无常。

走过风,走过雨,走过自己。1959 年 10 月 16 日,马歇尔与世长辞,享年79 岁,这位老人终于走完了他辉煌的一生。

马歇尔对自己是十分吝啬的, 在 1956 年时他已有了安排并口授了遗嘱:"把我像一个普通美国士兵那样下葬就可以。简单就好,不要对外声张,这点尤其重要。"

一切都按照马歇尔的遗嘱,一切从简,不铺张,不宣传。凯瑟琳只是请了马歇尔生前的亲属和几位要好的朋友参加了葬礼。唯一对原先的安排稍作改动的就是把灵柩安排在了国家大教堂旁的伯利恒小教堂停放了一夜而已。杜鲁门、艾森豪威尔等政要悉数出席。

1956 年的 10 月 20 日下午,马歇尔的灵柩运到阿灵顿国家公墓无名英雄山下的一块墓地,随着一阵声荡四野的枪鸣,灵柩缓慢地放入到墓穴之中。再见了! 乔治·凯特利特·马歇尔先生!

功可等身,落凡尘。步履铿锵,憾人心。丘吉尔说:"他是当代美国最后一位伟人。"杜鲁门说:"他是我们这一时代伟人之中的伟人。"他的是非自可不必多说,自待历史去检验。

在马歇尔一生的婚姻中,他先后经历了两个女人。他们一个是被他爱称为莉莉的伊丽莎白·卡特、一个是气质优雅、心胸宽广的凯瑟琳。一个伴他走过了如痴如醉、大爱久等、建功立业的前半生,一个伴他走过了大气已成、人生相逢、百转千回的后半生。已然,马歇尔的一生活出了三生的味道,刻骨铭心!

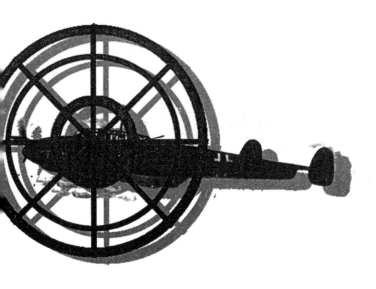

麦克阿瑟

美国的道格拉斯·麦克阿瑟，一直有着"战狼"之称，身为陆军五星上将的他也是美国绝无仅有的参加过一战和二战的将领，这位经历战争磨练的将军一直以"老兵的品质就像是一面伟大的旗帜，不断让我向前进发。"为座右铭，正因为麦克阿瑟的不朽精神，许多人会崇敬地叫他"麦帅"。

在麦克阿瑟的人生中经历了几次坎坷的爱情，每次他都用心去对待这份感情，但是如同宿命一般，注定了要让他的婚姻遭受波折和不平。

他是一个顶天立地的汉子，在52年的军人事业中一直奉行为国奋斗的信条。但是，在麦克阿瑟的内心深处，他感觉最多的还是孤独。母亲平克尼对他的管束十分严格，成就了他一生的传奇，但是他的感情归宿却迟迟得不到解决。第一次婚姻开始时他已经38岁，但是却很短暂。第一次的短暂婚姻决定了他要在人生的道路上继续寻找真爱。他的第二任妻子琼·费尔克洛思陪伴他度过了漫长的后半生，在麦克阿瑟的心中，费尔克洛思是他一生当中最重要的那个女人。

背后的女人——母亲

1880 年 1 月 26 日,狂风咆哮着,沙石漫天飞舞。一切都灰暗下来,只听树枝劈啪作响,掉得七零八落。一声婴儿的啼哭,好似那狂风没有来过一般,屋外显得无声无息。这一刻,这个新生的婴儿打破了冬日里清晨的宁静,他要像那狂风一样谱写自己的人生。这便是道格拉斯·麦克阿瑟。

屋里刚刚经过生产的母亲的额头上布满了汗珠,在炉火的红光映照下晶莹莹的,欣慰的微笑赶走了脸上所有的疲倦。母亲怀抱婴儿,全神贯注地盯着孩子红红的脸庞,眼里充满了母爱的光辉。她知道,在将来的日子里她会为了这个可爱的婴儿或喜或忧。

一个人的成长离不开家族成员的影响,麦克阿瑟的身体里一半流淌着以军事和法学扬名的苏格兰世家的血液,一半澎湃着以勇士和律师著称的弗吉尼亚家族的激情。由此,造就了日后在战场上呼风唤雨的一代枭雄。

麦克阿瑟的母亲叫做玛丽·平克尼·哈迪,哈迪的父亲是一位棉花商人,在当地拥有一块面积不小的种植园,在当时这简直算的上是权势的象征,哈迪从小生活在一个温馨的家庭,生活条件十分优越。但是南北战争打响,弗吉尼亚就成为战争重地,每天战火连天,硝烟弥漫,打破了哈迪养尊处优的大小姐生活。

自顾不暇的父母,为了保障孩子们的安全,经过商量,决定把玛丽·平克尼·哈迪送到西海岸去避难。南北战争结束后,哈迪的进了一所中专学校,她以拿到一张漂亮的成绩单完成了学业。这时候,哈迪已经出落成一个漂亮的大姑娘了,端庄的仪态,可亲的面容,浑身散发出懂礼节的风范,天生的贵族气质使得她在各方面都表现出令人惊叹的天赋,唱歌、跳舞、美术等文艺样样精通。

转眼间,哈迪已经从花一般的少女成长为 22 岁的青年。这一年,她同家人一起前往新奥尔良过冬。狂欢节很快到了,最后一天的舞会上,她邂逅了自己终生的爱人——闪耀着男性魅力的阿瑟二世。当两人的目光第一次交会之时便擦出了爱的火花,阿瑟二世的英俊潇洒俘获了哈迪的芳心,哈迪的美丽和才华也让阿瑟二世无法忘怀。两个年轻人一见钟情,很快就坠入了爱河,4 个月后,在哈迪家族的种植园里举行了婚礼。

一个女人最大的法则是她的男人,既然丈夫是一名军人,那么,结婚以后,随军就是她必须面对的现实,从此,她就成了一个以军营为家的军人妻子。哈迪从前所接受的都是贵族式的教育,可在这里一切曾经认为是有教养的生活准则和方式都被军营里的现实否定了,她必须强迫自己以一个军人的意志去适应这里的环境。

爱情的力量是伟大的,不管前方的困难有多大,哈迪也会勇敢地去面对,不久以后,哈迪就已经完全习惯了这种军旅生活。长期的艰苦生活使她白皙的皮肤已经变得黝黑粗糙,细嫩的手脚也堆起了厚厚的茧子。哈迪从未在意过,更无任何怨言。她以作军人的妻子为荣,甘心为丈夫牺牲自己。很多人都觉得不可思议,这么一位出身于名门贵族的小姐,怎么会放弃自己高贵的身份,甘愿成为一个普通军人的妻子呢? 其实,这都源于她对丈夫那深沉且神圣的爱。

生活中的哈迪不仅把家务安排得井然有序,并把自己从美国种植园主家庭接受到的高等教育和优质的家教品德传承给自己的儿子麦克阿瑟,让儿子拥有和自己同样的南方贵族的文明气质。哈迪鼓励儿子钻研历史,从历史经验中吸取教训,并陪伴他一起浏览名人传记,给他讲有趣的名人故事,教会他学习名人的高尚品质和节操。

哈迪也不忘时刻教导麦克阿瑟要忠于祖国,热爱家庭,懂得礼貌。哈迪教育儿子的宗旨在他人看来显得过于夸张,无论是升国旗还是降国旗、客人来家拜访,她都要求儿子举手行礼。可正是这种几乎于苛刻的教育规范,使得麦克阿瑟一生都把自己的祖国和家庭放在心中至关重要的位置。

哈迪作为一个母亲对儿子尽心尽责,只要是关乎儿子的事,无论大小,她都会尽善尽美。每天在儿子临睡前,她都要在儿子身边鼓励他一句:"你将来必须要成为一个伟大的人。像你爸爸那样做一个不怕输的人。"听着妈妈的话,麦克阿瑟渐渐地熟睡了,在梦境里不知道有多少次看到自己长大的样子,是那么的英勇无畏,与敌人战斗到底。

作为母亲的哈迪在麦克阿瑟受到委屈的时候总是教育他要坚强,告诉他男人是不能哭泣的,恐惧的眼泪更是不可以流露出来。就是这样一位母亲教会了麦克阿瑟坚韧和冷静。父母是孩子最好的老师,哈迪就是这样的一位好老师,成就了麦克阿瑟不平凡的一生。

在中学毕业后,麦克阿瑟额思想渐渐成熟,他为自己的人生立下了宏伟的目标,他的最开始目标就是要考入那时全国最好的陆军学校,也就是西点军校。按照军校的规矩,必须要有国家重要机构的官员的推荐,考生才有资格报名参加考试。经过多方的努力,麦克阿瑟却还是因为没有人推荐而没能参加考试。

麦克阿瑟真的是一个聪明的孩子,为了达到目标,他将自己所有的时间都花在了复习功课上,每一天他都坚持着,不管外界环境如何,他都从未间断。但是命运似乎对他还是那么不公平,因为没有政府议员的推荐,在开始的几年他始终没有得到考试的机会。但从骨子里有一种不服输的性格的他一直都相信靠着自己的努力一定可以得到认可,因此,他对西点军校的向往从没有被任何挫折所打败过。一直到后来,他听说他的父亲带兵打赢了战斗,这令他兴奋不已,他想:"为什么我非得要报考西点军校呢?直接参军不是一样可以发挥我的才能吗?这也可以圆我自己的军人梦啊!"由此,麦克阿瑟有了放弃报考西点军校的想法。

然而,这样的想法很快被父亲否定了,父亲用各种方式激励他,督促他,最终,麦克阿瑟打起了精神,走上考场。除了父亲的帮助,母亲对他的鼓励也成为了麦克阿瑟前进的动力。靠着自己的努力和父母的关怀,麦克阿瑟在军校的入学考试中夺得第一名,而且在以后的 4 年中,以破记录的成绩从那里毕业。

19 岁的道格拉斯·麦克阿瑟终于遂了心愿,可以走进西点军校,这是他梦寐以求的地方,也是他人生中的一个新的开始,未来的路等着他去开创,他将继续迎接挑战。西点军校的校训与军规他逐条细读默记在心。他最欣赏的就是"不放弃,你就有可能成功"这一条。

在学校里,麦克阿瑟的各门功课都名列前茅,军事训练上也不含糊,可是,新生被高年级学生欺侮的事情也时有发生。这时候,麦克阿瑟的父亲正在战场上坚持奋战,立下了卓著功勋,是美国的焦点人物。而西点军校中的高年级学员非但没有因此而对他产生敬畏和羡慕,相反,倒成了戏弄侮辱他的理由和借口。在学校中麦克阿瑟是佼佼者,但是在恋爱方面,此时的麦克阿瑟并没有决定权。他的母亲就住在他学校的附近伴读,每天只要一有空闲的时间,麦克阿瑟就要去母亲那里报到。很多人都认为麦克阿瑟是个很孝顺的孩子,从不放纵自己的生活,也很少出去聚会。其实这都是因为他的母亲怕他因为男女之情耽误了学业,所以麦克阿瑟在西点军校学习期间几乎没有机会去接触女性。

期待已久的婚姻

在麦克阿瑟的生活中,恋情一直是一块空白,但是他并不是一个只有事业、只有军队的冷血动物,在他的心目中,国家是第一位,国家强盛,才能有真正的幸福生活。麦克阿瑟总是想在忙完事业之后再去寻找自己的归宿,但总也忙不完。

在学校里,麦克阿瑟一直是最优秀的,工作以后也一样。他39岁的的时候,麦克阿瑟当上了母校的校长,他可是历任中年龄最小的一个。在军校的某处,挂着一块匾,写有他的一句很著名的话:今天在你结下了友谊,明天你就会在战场上获得相应的胜利。

在西点的这几年中,麦克阿瑟一边忙于学校的一系列改革,另一边还找到了自己人生中的另一半,她叫路易斯·克伦威尔·布鲁克斯。

路易斯为人活跃、倔强,个性鲜明,再加上继承的大笔财富,这对无数男人来说无疑是一种吸引和挑战,许多爱慕者纷纷向她表达爱意,其中有政客、巨贾,也不乏贪婪之徒,他们只是盯上了她的巨额财产。

第一个将路易斯视为“肥肉”的人是她继父爱德华的私人律师詹弗斯,此人早就垂涎爱德华的资产,正愁找不到机会下手。路易斯母女的到来让律师喜出望外,他开始为自己的利益筹划。

詹弗斯盯上了年轻貌美的路易斯,试图使用各种手段迷惑这个还处在懵懂花季、不知世事险恶的少女,不仅每天都献上一大束鲜艳的花朵,而且还隔三差五地为路易斯送上情诗。今天送玫瑰,就附上一句“你的唇很温润,像极了火红的玫瑰花瓣";明天送百合,就吟一句"香水百合也比不上你吐纳气息的芬芳"。

从来没被人如此赞美过的路易斯的确被这些花言巧语迷住了,这个毫不设防的姑娘似乎就要坠入贪婪的陷阱。然而好景不长,经常陪同继父参加各种应酬的路易斯听到了越来越多的赞美,她逐渐听腻了詹弗斯毫无新意的词句,转而被另一个年轻人迷住了。

这个年轻人叫瑞克,是路易斯继父爱德华在生意场上结识的朋友,经常与爱德华一起参加各种酒会。瑞克很有女人缘,这要归功于他英俊的外表:一头蓬松柔软的金色短发配上一双碧蓝的眼睛,高挺的鼻梁下嘴角总是上扬着,宽阔的肩膀、修长的双腿和着优美的音乐跳出潇洒的舞步。

瑞克很懂得如何讨女人欢心,爽朗的笑声时刻感染着周围的人们,路易斯也对他着了迷,在酒会上目光总在瑞克周围游离。瑞克对朋友的这个继女也充满了好感,总是找机会约路易斯出去游玩、吃饭,晚上送路易斯回家时还在她额头烙下轻轻一吻,这种风流做派很快就让路易斯对他产生了恋情。然而时间一长,路易斯对这种吃喝玩乐的生活感到厌烦了,飞舞的裙摆也让路易斯失去了旋转的神采,香槟和美酒也无法染红路易斯的双颊,瑞克在她眼中成了轻浮和幼稚的代名词。路易斯又将目光锁在了政客身上,她羡慕他们渊博的知识,羡慕他们严谨的思维,也羡慕他们丰富的社会阅历。于是,路易斯总是央求继父多带她参加一些正式的场合,希望能够结识一些政客。

生活总是不如意,路易斯发现,成功的政客大多是些上了年纪的人,几乎都可以当她的爸爸,在这个圈子里找不到称心的人相伴,这让路易斯很是失望。她对于自己未来的幸福很是迷茫,忧虑也会经常挂在她美丽的脸颊上。

最终,路易斯做出了选择。她在 1911 年和一名巴尔的摩商人布鲁克斯结了婚,并生有两个孩子。后来,布鲁克斯出了名,变得越来越让她难以忍受,于是,两人分道扬镳,孩子归她抚养。

于是路易斯再次过起了单身生活,只是此时她已经是两个孩子的母亲,一个离异妇女。尽管如此,路易斯对生活并没有失去信心,她依然穿梭于上层社会当中,出席各种宴会,也就是在这时她遇到了麦克阿瑟,她深深地被麦克阿瑟的英伟气质所征服。

所谓英雄难过美人关,铮铮铁骨的麦克阿瑟虽然早已习惯了紧张的军旅生活,但是当他遇到路易斯的时候心中再也不能平静。即使她是个离异妇女,即使她是两个孩子的母亲,此时的麦克阿瑟就认定她是自己的另一伴了,他坚定地认为这个女人就是她日后的伴侣。

但是麦克阿瑟的母亲是极力反对她的儿子和一个离异妇女结婚的,她绝不容许自己那么优秀的儿子娶来的是一个结过婚的女人。但是麦克阿瑟早已迷恋其中,他虽然很尊敬他的母亲,但是此时他认为这只是他在追求自己的幸福。

麦克阿瑟迷恋的是他第一次见到路易斯她那迷人的样子。那是在一个高级酒会上,宽敞的大厅里面来往的都是名门贵族,金碧辉煌的装饰,琳琅满目的香槟美酒,麦克阿瑟深深的陶醉其中。酒会上总是会有寒暄,人们不断的穿梭在人群中,寻找自己的猎物。正当麦克阿瑟刚刚与几个军校的朋友交谈之后,猛然抬起头就被眼前的这个女人深深地吸引了。他无法把自己的眼神从她身上挪走,心里也深深印下了那娇羞可爱的面容,他就要娶这个女人做自己的新娘。

当时路易斯是作为潘兴将军的女伴参加这次酒会的。正当不惑之年的麦克阿瑟对这个女人一见钟情。生活中的麦克阿瑟是个作风谨慎的人,从不会因为酒会上的欢娱就胡乱找个女伴了事。于是他自己一人坐在桌旁喝酒，安静地看着形形色色的人们。突然间他被旁边一桌人的谈话声吸引住了。

其中一个肥胖的女人说："看到了吗？潘兴将军又换了个女伴。"

"这有什么稀罕的，每次换一个，这早已是不变的规律了。"另一个女人叽叽喳喳地说，话里有些酸溜溜的味道，仿佛自己就是刚刚被换下来的那一个。

"孤陋寡闻！"胖女人用短粗的手指敲敲桌面，接着用神秘的语气说道："听说这个女人是潘兴将军家中未来的女主人，地位可是很不一般呢！"

麦克阿瑟冷笑了一声，心里对这些说三道四的女人充满了鄙夷，但是眼神还是不自觉地向潘兴将军的方向看去。他厌烦这些女人间的妒忌诽谤，这些在他看来都是女人的小肚鸡肠。此时潘兴将军正扶着路易斯在一张桌子旁落座，随后对皱着眉的路易斯说了几句话就离开了。

路易斯低着头垂着手按摩自己的小腿和脚腕，大概是因为站的时间太久了，脚踝时不时传来一阵疼痛感，让路易斯很是恼火。她停下了手里的动作，抬头时恰巧遇上了麦克阿瑟的目光，两人四目相对，凝望了好久。

麦克阿瑟细细打量着路易斯，虽然看不清低着头的路易斯的五官，但是却被她优美修长的颈吸引了，裸露在外的肩膀也在灯光的映照下散发出象牙般的光泽，一看就是精心保养的结果。此时，麦克阿瑟认定，她就是世界上最美的那个女人。

深情注视着路易斯，麦克阿瑟有种窒息的感觉，尽管客观上讲她并不是一个十全十美的仙女，但那小巧玲珑、细腻精致的五官总是给人一种全新的感觉，让男人无法自拔，就连棕色的眼睛里也时时闪耀着欢快的色彩，常常感染着周围的人，麦克阿瑟完全拜倒在她的石榴裙下。虽说她是潘兴的情妇之一。可是从这一刻起，路易斯要属于麦克阿瑟，很快他们便手牵手举行了婚礼。

麦克阿瑟与路易斯留下了当年最有效率的婚姻记录,他们从相识到走向婚姻一共也没有多长时间。当麦克阿瑟第一次被路易斯的美貌和风韵吸引住之后,他就开始了疯狂的追求。他总是能在最快的速度知道路易斯的去处,然后适时地出现,热情洋溢地与路易斯谈话,尽其所能地展现他的个人魅力。当然,路易斯也是注意到了他的,这样一位优秀的军人,不仅一表人才,而且身份地位都相当能够吸引人的眼球,何况路易斯本来就是把自己定位在了政治圈内。

就这样,两个人都很欣赏对方,可谓两情相悦。于是他们频频约会,两个人总是黏在一起,无论在任何场合人们都能够看到这对十分般配的有情人。麦克阿瑟那些日子心情似乎特别的好,他总是灿烂的笑着挽手心爱的人,乐此不疲地进行各种交际,可能他觉得那就是他最幸福的时刻吧。

麦克阿瑟是那么急切地想把路易斯据为己有,当他发现路易斯对他已经深深迷恋之后,他就大胆向她求婚了。那一天是个晴朗的日子,阳光妩媚柔柔的照着世间万物,在德国的郊外,风景如画,空气清新宜人,麦克阿瑟精心准备好了约会地点与时间,他们在马背上自由地迎着和煦的微风忘情的驰骋着。在一个小山坡上,他们勒住奔跑中的骏马停了下来。他们把马放在山坡下吃草,麦克阿瑟牵着路易斯的手,开始了他人生中的第一次真情表白。

面对着眼前心爱的人,麦克阿瑟是那么的欣喜若狂,他稍稍平息了自己的状态之后,深情地望着路易斯,温柔地对他说:"亲爱的,我想用一生呵护你,我希望你能给我这个机会,让我牵着你的手走进婚姻的殿堂。"

麦克阿瑟的语言很简短,也很朴素无华,但是却让路易斯内心很久不能平静。她喜欢这个男人壮实的肩膀,在那里她能找到安全的感觉,她喜欢这个男人睿智的思想以及风趣的语言,她深深的迷恋着麦克阿瑟,只是她不知道怎样才能获得麦克阿瑟的倾心。正在一筹莫展之际,麦克阿瑟真情的表白让她惊喜不已,她愣愣地瞪着大大的眼睛盯着她所倾心的爱人,忘记了回答,她紧张的似乎要失去话语的能力了。

由于惊喜这个娇小的女人紧张得不知所措,但这却让麦克阿瑟也跟着紧张不已,他琢磨不定路易斯的想法。她惊呆的表情让麦克阿瑟误以为是被自己的唐突吓到了,那么自己就一定是会被拒绝的,他默默的失去了自信,失落的低下了头。但是却被路易斯突然的拥抱着实吓了一跳,路易斯兴奋地拥抱着他,口中不住的大喊着:"我愿意! 亲爱的! 我愿意! 我愿意嫁给你! "

就这样麦克阿瑟不顾母亲的反对求婚成功了,这时的麦克阿瑟俨然是一个幸福的小男人,他为了筹备婚礼鞍前马后,他最大的心愿就是给妻子一个盛大的婚礼, 他要让这个心爱的女人觉得自己是最开心的一个女人,他就是她此生要依靠的人。

虽然麦克阿瑟在为即将来临的婚礼兴奋不已,沉浸在幸福的感觉中,但是他母亲却并不祝福这两个人,母亲的极力反对让麦克阿瑟有些许的遗憾,但是沉浸在幸福中的人是顾及不到那么多,他相信母亲并不知道他现在有多么的幸福,母亲慢慢会理解他的。

就这样在没有母亲的祝福下,1922 年 2 月, 他牵着路易斯的手走进了婚姻的殿堂。母亲没有参加婚礼,这是麦克阿瑟最遗憾的,但是这对相爱的人依然幸福的许下誓言。他们放飞象征幸福的白鸽,久久的注视着那对在空中依恋着飞翔的鸽子。

第一段婚姻走上陌路

在人生的旅途中,当幸福驾临的时候,那是上天恩赐的礼物。麦克阿瑟此时正处在新婚燕尔之际,在他的心中满载的都是幸福。他相信这只是美好生活的开始,一切都将继续,对于未来的生活他寄予无限的憧憬,他要在事业上加倍的努力,让妻子以他为荣。

就在这年年底,麦克阿瑟将自己年迈病弱的老母亲送到了哥哥阿瑟三世家里,自己带着妻子还有妻子的两个孩子前往菲律宾任职。其实在麦克阿瑟的心里他是割舍不下母亲的,但是工作分配到了国外,他很是无奈。就这样,麦克阿瑟夫妇和路易斯的子女离开了故乡。

到达了菲律宾,麦克阿瑟开始了紧张的工作。再次回到菲律宾,使得麦克阿瑟感慨万分。平时他还会和以前的老朋友相聚,畅叙别情,更增添了几分回乡的亲昵之感。那里的环境和人对于他来讲都十分熟悉了,自然能够配合得很默契,也能够彼此出全力协作,工作进行得十分顺利。最开始他在那里担任的职务是马尼拉军区司令官。新到来的任务使得他很是忙碌,麦克阿瑟可以说是一个称职的军人,只要他身在其位一定要做到最好,这是麦克阿瑟一直以来的做人做事准则。

麦克阿瑟一直觉得他们的生活是那样的完美,他有一个幸福的家庭,有自己心爱的人陪伴,同时又有一份他还算可以的工作,但是他不知道这只是刚刚开始,不平静都在随后接踵而来。

军人总是服从命令的,麦克阿瑟在菲律宾的工作在不久之后就有了变动。这天麦克阿瑟正在舒适的房间里办公，他认真地查看每一件公文，阳光暖暖的从玻璃照了进来，他的几根白发在阳光的照耀下闪闪发光。电话铃急急地发出声音，他接到了新的命令，上级通知他在最快的时间交接工作，然后接任一个驻菲律宾旅的旅长位置，负责巡逻工作。

一家人刚刚安顿下来，麦克阿瑟的嫂子突然发电报说母亲病重，要他们一家马上回华盛顿。就这样，麦克阿瑟一家人匆匆收拾东西赶回华盛顿。但是就在他们赶回华盛顿时，母亲的病情已经初愈。麦克阿瑟公务在身耽误不得，于是夫妻二人又急急忙忙地返回菲律宾。

就在同一年，他的哥哥阿瑟三世又因病去世。麦克阿瑟为此痛苦了相当长的时间。家庭的温暖对于受伤的心灵总是最好的慰藉，麦克阿瑟逐渐地走出了失去亲人的痛苦之中，妻子路易斯总是尽可能的关心着丈夫的情绪，麦克阿瑟在忙完工作之后，总是能得到路易斯最温暖的爱，路易斯总是把自己打扮得很漂亮，她娇小的身躯把那完美的容貌映衬得更加可人，麦克阿瑟常常会陶醉于妻子的美丽。路易斯在麦克阿瑟忘情的时候，会邀请他陪她跳舞，还会在某个夜晚准备烛光晚餐共两个人享用。

时光荏苒，路易斯的努力终于让丈夫走出了困境，于是他们又像新婚的恋人那般恩爱。麦克阿瑟和路易斯的婚姻在最开始的那段时间里是令所有人都羡慕的一对，两个人彼此欣赏，彼此相爱。

开始的这几年他们一直这样继续着幸福的生活，正所谓女为悦己者荣，路易斯得到了丈夫全部的爱。她觉得自己终于找到了真爱，因此她总是在麦克阿瑟工作的时候，尽量地打扮自己。每天她都会好好地睡一个美容觉，然后起来化妆，精心打扮。她会为了一个喜欢的发型搭配最适合的衣服，一整个下午都在换衣服当中度过，她也会为了一件喜欢的衣服变换各种发型。

麦克阿瑟的工作一直是那么紧张忙碌，也许是这个原因，他不能够过多的关心家庭和妻子。他们的生活接触基本都处于晚上，在麦克阿瑟结束一天的工作之后。但是日子总是这样单调地周而复始，这对于像路易斯这样早已习惯了奢华生活的贵妇人，怎能耐得住长时间的寂寞？

路易斯此时已经厌烦了枯燥无味的军旅生活，她是一个喜欢享受多姿多彩生活的贵妇人，根本无法长时间地忍受这样的寂寥。曾经处于上流社会生活的路易斯，对以往的生活甚是留恋，想起国内旋风般的社交活动，路易斯的心里卷起了波浪，如今这无趣的生活哪能和以前相比呀？都没有一个能聊心里话的人。路易斯原本不安分的心又一次躁动起来，久而久之，两人的关系开始产生裂痕。

爱情总是那么不堪一击，没有了生活的滋润，路易斯与麦克阿瑟的爱情自然而然地出现了裂痕，路易斯强烈要求回美国，她要在最美丽的岁月享受华丽的人生，她不甘心就这样默默无闻地让自己的年华老去。可是麦克阿瑟此时正处在事业的紧张阶段，他怎能为了妻子的要求而放弃他前半生的努力呢？就在两个人的僵持中，感情也随之破裂。麦克阿瑟不想因为这个而舍弃他蒸蒸日上的事业，于是义无反顾地和路易斯离婚了。

事业上有成就，并不能够代表一个人在生活上就是成功的。很多功名卓著的著名人物，他们都有各自不幸的坎坷生活，麦克阿瑟就是最好的例子。他的事业，他所喜爱的军旅生涯，都在按照他的已经确认的目标稳妥地实行着，他的努力奋斗得到了恰当的认可，这是他人生的幸运。而他长期的单身生活，爱情总是在他的身边飘忽不定，来去匆匆，却是他的不幸。

　　与路易斯分手后，麦克阿瑟又沦为单身汉，但是中国的那句古话"塞翁失马，焉知非福"却在麦克阿瑟的人生中得以验证。也就是在这时，赫赫有名的潘兴马上要离职了，他离职前做的最后一次决定是将麦克阿瑟的军衔再次提升。后来，麦克阿瑟升迁为少将，是年45岁。

　　麦克阿瑟在接到晋升命令的同时，又接到了要求他返回美国的命令，担任巴尔的摩附近司令部的军区的司令。麦克阿瑟事后回想起那段日子的时候，总是觉得暗淡无光。麦克阿瑟上任之后，被钦定为法官，着手处理威廉·米切尔准将的案字，麦克阿瑟非常讨厌这样的命令。

　　1925年秋，因离经叛道的言行，米切尔前往华盛顿接受审讯。在法庭上，米切尔并没有因此而安静下来，反而宣传自己的理论，这使新闻界异常活跃，各大媒体毫无保留地加以报道。麦克阿瑟是个聪明人，他认识到，米切尔的案件并不是那么简单的事，要是没有处理好，三军卷入其中的势力都是不好惹的，要是得罪了其中的一方也就接连的得罪分别支持这两派的国会议员，因此，他采取了中庸的方式处理此事。

米切尔还是不能洗脱自己应有的罪名。但麦克阿瑟也尽量为米切尔减轻他的罪名,使得米切尔保留原职,他的一家为此都对麦克阿瑟感激不尽。

两年之后,也就是 1927 年,美国奥林匹克委员会的主席突然与世长辞。讨厌的事情不会总黏在一个人身上的,麦克阿瑟终于走出了那段被他形容为昏暗的生活,出任美国奥委会主席。

麦克阿瑟在担任美国奥林匹克委员会主席期间做出了很多努力,他喜欢和年轻的教练们打成一片,因此,他抛开一切干扰因素,组建了一只由陆军人员组成的橄榄球队。陆军橄榄球队不负麦克阿瑟的期望,这支橄榄球对参加了一场比赛,结果麦克阿瑟的球队将另外一支很强的代表队打败了,这令萨默罗尔很是开心。之后,麦克阿瑟再次被调到菲律宾担任军司令。

但是好景不长,不久,陆军部长向麦克阿瑟发来了一封沉重的电报。事情是这样的,当时的美国总统想任命麦克阿瑟为陆军的参谋长,而当时的世界局势席卷着经济危机,人们厌恶战争,在军事上投入的费用不断减少,而这很有可能就是个干活还会挨骂的差事,因此,麦克阿瑟准备拒绝。

他的母亲在他的生活中起着重要的作用,她总是能够在最艰难的时候为儿子坚守阵地,这次也不例外。虽然麦克阿瑟不想接这个烂摊子,但是他的母亲希望他能接受这个职位,她希望自己的儿子是个勇敢的男人,拿出作为军人的勇气和责任心来面对这个挑战。

在这关键的时刻,大萧条的时候,麦克阿瑟最终站了出来接受了这个前途未卜的职位。不久,冬天的天空中飞舞着雪花,麦克阿瑟被授予了上将临时军衔,就任美国陆军参谋长。任职之初,他积极进行改革,为美国的国防事业做出了难以磨灭的贡献。

二十多年的军旅生活足以使一个人磨炼出刚强的意志,以适应孤独的侵蚀。麦克阿瑟在军队中有他独特的生活方式,能够和士兵建立起家一样的生活氛围,在部队他依然能够拥有属于他那份特殊的战友之情。不仅如此,麦克阿瑟还有母亲的陪伴和关爱,但是他依然需要爱情来充实他的内心世界。

爱情总是在偶然之间无声无息地来临,1930年的4月,爱情的种子终于再次在麦克阿瑟这里生根发芽。麦克阿瑟正在比赛场中一场精彩的拳击对决,看着自己国家的运动员在体育场上屡屡创造奇迹,麦克阿瑟兴奋不已。拳击赛很是紧张刺激,吸引着看台上观众的所有注意力,而此时的麦克阿瑟却被一位漂亮的姑娘吸引了眼球,他知道自己再一次陷进了爱情的漩涡。

心照不宣是相爱的两个人所特有的感情互动,麦克阿瑟发现他总是能与那个女孩不经意地对视,难道真是"心有灵犀"吗? 麦克阿瑟深情地看着女孩,不时地向她用目光传递着自己的热情。这个女孩叫伊莎贝尔·罗莎里奥·库柏,只有16岁,高挑的个子,清瘦的身形,气质绝佳,身上流着来自欧亚两个大陆的血液。无论从哪个方面看,伊莎贝尔都是那么独特,她的年轻与朝气是路易斯所没有的。

爱情总是能够让一个人变得异常的大胆,麦克阿瑟很怕错失良机让女孩溜走,他立刻叫协助人员托马斯·杰弗逊上尉传给这位令他心仪的小姑娘一张纸条,约她共进晚餐。伊莎贝尔得知是麦克阿瑟的邀请显得很是高兴,容颜出现了略显羞涩的微笑,她知道那个坐在他不远处的英俊成熟的男人就是美国陆军少将,她也早已为他心动,做梦也没想到那个男人竟然会也对她倾心并邀她共进晚餐。

浪漫的空气中中的气息掺杂了一些暧昧,能让人的心温暖。麦克阿瑟和伊莎贝尔在共进晚餐的时候不断地了解对方,幽默的语言让两个人的笑声不时从房间传出。就这样,麦克阿瑟再一次跌进了爱情的漩涡。

二战浪漫曲

麦克阿瑟在与伊莎贝尔相爱后，他的生活突然之间又迸发出了消失了很久的激情。伊莎贝尔了解了麦克阿瑟的口味后，就用特地为他调配处一种以前没有过的新饮料。麦克阿瑟很喜欢她配制的这种饮料，每当麦克阿瑟回到家里，伊莎贝尔就会开心的为他做这种饮料。

由于伊莎贝尔和麦克阿瑟结合的特殊性，所以他们只能默默的相爱，伊莎贝尔每天都呆在麦克阿瑟给她的房子里面，在那里麦克阿瑟为她安排好了一切，她不用再为生活发愁，这对于刚刚接受这一切的伊莎贝尔来说是那么的心安理得，她把所有的时间都放在等待中。

伊莎贝尔在这里获得了难得的清闲，麦克阿瑟不在家的时候她可以美美的睡上一觉，天真烂漫的她在有了充足的休息之后，会把自己打扮的光彩照人，在麦克阿瑟到来的时候献上她最深情的吻。

麦克阿瑟很享受现在的生活，他对爱情的要求不仅仅限于彼此的感情，他沉醉于精神的交流时，也喜欢肉体上观感。没过多久，麦克阿瑟就对伊莎贝尔立下海誓山盟，立誓要呵护她此生，用他最真挚的爱来保护她。

当生活中有爱作为调料的时候，会让人感觉时间似乎长了翅膀般在飞逝。转眼间，麦克阿瑟接到了叫他上任陆军参谋长的电报，不久，麦克阿瑟赶回美国担任这一职务。

在他正式就任后，他的母亲饱含深情地用手摩擦他的肩章说："要是你父亲还在的话该有多好！道格拉斯，你达成了他没有做到的目标！"到那时为止，麦克阿瑟是美国仅有的能得到四颗星的上将。

麦克阿瑟和伊莎贝尔正处于热恋当中，当任命指令下达时，麦克阿瑟只能服从，他要把她也带去美国。麦克阿瑟无法想象失去伊莎贝尔会是怎样的痛苦，虽然带她一起走的结果存在很多未知，但是麦克阿瑟是无论如何也放不下他的小情人的。

这种作风的传闻对一个将军来说就像是一颗定时炸弹，麦克阿瑟不得不小心行事，两个人一起走风险实在是太大了，所以伊莎贝尔迟些日子再走。他特地制定了她要坐的船。

19 日对于麦克阿瑟来说真的是一种煎熬，他迫不得已登上了靠在岸边等待他返回美国轮船。身形瘦小的伊莎贝尔站在码用力地挥动着双手，似乎是告诉麦克阿瑟她会马上回到他的身边，让心爱的人一定要在那个对她来说遥远的国度里等她。麦克阿瑟站在栏杆旁边，目不斜视地望着他心爱的人离他渐行渐远。

伴随着汽笛的鸣叫，轮船上的麦克阿瑟心情越来越沉重，航行中的大部分时间里他都只想着伊莎贝尔。在他心中最惦念的就是在大洋那边的情人。每当轮船停靠一处港口的时候，麦克阿瑟都会给伊莎贝尔写信。途中，他买了皮毛大衣准备送给她。他对伊莎贝尔有着说不尽的思念，每时每刻他都会在琢磨着他的这个小情人在做什么，她是不是同样在思念着自己。

麦克阿瑟在感情上虽然完全依恋着伊莎贝尔，但是他又有着些许的担心，担心她会辜负自己的信任。他担心这个年少的姑娘会把船票换成财物。那么他已经远离她的身边，她又怎么办呢？除此之外他还觉得伊莎贝尔有点笨，伊莎贝尔只是一个 16 岁的小女孩，缺乏社会经验，并且美丽而性感，这一路上不知道要遇到怎样多的麻烦呢，但是她一个人要怎样来面对这样的困难呢？麦克阿瑟不禁自责起来。

的确，在当时的社会里，经常会有很多女孩沦落到出卖色相，这已经是司空见惯的事了，于是麦克阿瑟心中一直担忧着伊莎贝尔。在路上的这几天，麦克阿瑟明显地憔悴了很多，各种各样的结果在他的脑海中不断地翻腾着。

思想的纠结使得麦克阿瑟越来越难以忍受，所以他只得在心中向伊莎贝尔倾诉。他有多么爱她，多么的想要见到她，如何如何离不开她。在信中麦克阿瑟还不吝啬地表达着他的思念之情，情到深处他甚至哀求他的小情人，让她一定要遵守承诺，尽快来到他的身边。

恋爱中的人总会有美好的誓言，麦克阿瑟虽然已经年近半百，但是他的感情丰富得绝对不亚于年轻人。在给伊莎贝尔的信中，麦克阿瑟立下海誓山盟，今生来世都会深深的爱恋着伊莎贝尔，麦克阿瑟此时还深深的沉浸在依恋伊莎贝尔的情感中。

接下来发生的事情证明了麦克阿瑟的所有担心都是多余的，他的小情人伊莎贝尔很成功的赶上了船，终于顺利地到达指定的目的地。对于麦克阿瑟来说，当他看到伊莎贝尔热情奔放地打开双臂扑向他的时候，他这么多日子以来一直以来的担忧终于放了下来。

接下来就是分别多时的恋人之间的互诉真情，伊莎贝尔跟随麦克阿瑟回到了"他们的家"，在乔治敦市，麦克阿瑟为伊莎贝尔找了一个比较好的住所，从此之后那里就成了伊莎贝尔的家，但在她看来那里亦是她的牢房，在这个他们共同的家里，她有的只是居住权，却没有出入自由的权利，她被紧紧的锁在了这个牢房里。

麦克阿瑟回到家后，给了伊莎贝尔他买的那件皮草，除此之外还有很多生活必备的东西。这些就是麦克阿瑟能给的全部，对了，他还能给这个被他称之为他所不能失去的心爱的人的就是在他的母亲不需要陪伴时忙中偷闲地与她约会几个小时。的确如此，麦克阿瑟在回到美国后就把母亲接到自己家里一起住，他几乎把工作之余的所有时间都用来陪伴母亲，在他心里觉得亏欠母亲的实在是太多了。

年轻的伊莎贝尔渐渐厌倦了这样的生活，而且对此倍感无聊，每一天她都重复着前一天的生活，不同的就是或许某一天麦克阿瑟会来她这里呆上一小会儿,但也仅仅是那么一小会儿,然后他就会匆匆离开,所有的温存似乎都从那一刻消失,留下的只是伊莎贝尔在房间里一个人寂寞的回味。

伊莎贝尔在来到这里对麦克阿瑟来说既有喜悦又有烦恼。麦克阿瑟担心他的对手会察觉伊莎贝尔的存在,这对他会成为不小的威胁。她不能出门,不能接触外面的世界,这对于如此小的活泼孩子来说是一件很讨厌的事情。刚开始她还能够忍受,时间长了她也会抱怨,她的内心是那么的不甘,她甚至觉得曾经的漂泊生活也比现在好。

畸形的爱情是不可能存活太长时间的,在感情的世界里,平等是基本的准则。麦克阿瑟与她的感情里,自始至终就没有过平等,这段感情面临着深深的危机。

之后,麦克阿瑟去欧洲观看军演的时候,他的情绪非常的好,在观看演习之余还接受了几枚漂亮的外国勋章。在国外的日子让麦克阿瑟很是兴奋,他观看了许多国家的名胜古迹,他寄给伊莎贝尔的家书中的签名是"全球漫游者"。这个无疑戳中了自己痛处的签名终于把伊莎贝尔激怒了,麦克阿瑟可以满世界的乱跑,而自己只能被关在家里。在麦克阿瑟回国之后,伊莎贝尔和麦克阿瑟之间的对立终于爆发了。但是争吵并没有解决任何实质问题,伊莎贝尔依然每天呆在家里,麦克阿瑟依旧把母亲放在第一位,晚饭大都会和自己的母亲共进。伊莎贝尔的心情很糟糕,她觉得自己受到了冷落。

这场纠纷之后,表面上伊莎贝尔似乎是胜利了。为了平复小情人的心情,麦克阿瑟让她住进了一处更豪华的所在,那是一处富丽堂皇的酒店套房。从此之后,骄傲的伊莎贝尔不想自己总是被贬低身份,她开始在自己的名字后面加上夫人这个称谓。

1932 年秋,麦克阿瑟又被邀请前往欧洲观看演习,并在路上接受勋章,同上次一样,他依然没有带小情人同往。但是这次伊莎贝尔可不再像上一次那么听话了。在麦克阿瑟刚刚离开之后，她就整理行装自己一个人出去度假了，她去了哈瓦那。

得知这一消息，麦克阿瑟胆战心惊，那个地方可是出了名的乱，而伊莎贝尔才18岁，还是个很漂亮的小性感女郎，她去那里会遇到什么样的事情呢？麦克阿瑟不敢往下想。他发誓他要加倍地爱伊莎贝尔，这时候他是很担心失去伊莎贝尔的。但他也知道，这比登天还难，他们俩都应该早就明白这一点，他们的关系正在走向不能挽回的失败结局。

"全球漫游者"麦克阿瑟回国后变得前所未有地忙碌。伊莎贝尔很难见到麦克阿瑟一面，同样也没有任何人来拜访她，每天面对的只有这个相对豪华的空荡荡的房间，也许此时18岁少女最渴望的就是能有一个温暖的家吧！

为了能够有更多的朋友，伊莎贝尔坚定地迈出了第一步。不久，她报名参加了一个班级，希望可以在那里认识新的朋友，以便离开那个困住他的地方。年轻人在一起总会有共同的语言，她在班里碰到了一个学习法学的年轻学生，伊莎贝尔那颗年轻的心再次跳动了，她发誓要过新的生活，她觉得美好的生活正在向她招手。

而纸终究是包不住火的，很快，麦克阿瑟就知道了伊莎贝尔的那些事，想到这个姑娘已经不像先前那样在家中只为等待自己，而是在和别人搞暧昧，他的心情十分复杂，难以说清是什么感受。虽然麦克阿瑟知道他们的关系已经出现缝隙，但是他不能忍受这样的背叛，或者说是他不允许就这样结束。

3个月后，麦克阿瑟见了伊莎贝尔，之后便彻底分离。麦克阿瑟给她一些路费和生活费，还有一张坐船的票。但是，伊莎贝尔不愿意回到那里，她便回到华盛顿找了一处住所。可是很快，不擅长生活算计她就把麦克阿瑟给她的钱挥霍没了。毫无收入来源的伊莎贝尔只得再次找到麦克阿瑟，麦克阿瑟对于伊莎贝尔这一举动十分愤怒，于是给她了一张条子："今后你若需要帮助，应该到慈善协会去。"

想要一直隐瞒下去是不可能的，在各种原因的诱导下麦克阿瑟的小情人终于暴露了，麦克阿瑟是有很多政敌的。其中自由派里和他对立最为严重的是记者德鲁·皮尔逊，他拥有自己的专栏。皮尔逊利用这个专栏宣传麦克阿瑟的丑闻，对其进行各种诋毁。虽然他的报道不是特别准确，但是这些丑闻却让麦克阿瑟十分的生气。

接下来的事情证明，麦克阿瑟与这个小情人的认识是他一辈子最错误的决定。大约就在麦克阿瑟给伊莎贝尔寄去最后一封信的半年之后，麦克阿瑟提起了诉讼，以诽谤的罪名状告皮尔逊。此时的麦克阿瑟已经无法忍受，因为在过去的一年里，皮尔逊在他的专栏中对麦克阿瑟不停地进行各种人身诋毁，麦克阿瑟想要做些什么阻止这件事！

正所谓无风不起浪，的确如此，皮尔逊的话并非空穴来风，他所有消息的来源都是麦克阿瑟的前一任妻子，路易斯。路易斯在和麦克阿瑟离婚后，她的生活有了绝对的自由，外面的世界对于她来说是渴望已久的了。但是很不幸的是她的命运之神并不是那么怜惜她，路易斯与麦克阿瑟分开不久，便和英国的演员莱昂内尔·阿特威尔成婚。

传说阿特威尔并不是一个成熟的好男人，这次婚姻也并没有给路易斯带来她想要的幸福。阿特威尔身染恶习，他不仅不能在生活上照顾她，还让她遭受婚姻的恐惧。结婚后，路易斯发现这个男人有很多怪癖，不仅参加集体色情，还喜欢男扮女装。陷入了一桩错位婚姻的路易斯心情更加糟糕，她的身材很快变得臃肿起来。

路易斯失去自己的人生轨迹，她对一切事物开始抱怨起来，终于，她找到了一个愿意听她唠叨的人，她对他说一切真的假的有的没的的故事，这个人就是德鲁·皮尔逊。皮尔逊对麦克阿瑟的事情很感兴趣，他仔细地倾听路易斯对上段婚姻的诉苦，将这些故事一一记在脑海。后来，他把他听到的片段都写到了他的专栏里，并用他的犀利的语言进行夸张的描绘，由此，这完全是一个怨妇真假半掺上演的一出闹剧。

路易斯真是对麦克阿瑟怀恨在心。她对皮尔逊说，麦克阿瑟的少将头衔都是在她的帮助下得到的，尽管这是让人无法相信的观点，但皮尔逊却全部当成了真事，因为路易斯在倾诉的时候总是泪如雨下。路易斯的继父爱德华很想阻止他和路易斯再回到菲律宾。但实际上，他几乎没有这个能力，所以就连这一点小事他也没有做到。

这一切终于激怒了麦克阿瑟，他在诉讼中要求皮尔逊赔偿他一笔巨款，但对于皮尔逊来说这简直就是天文数字，其实皮尔逊并没有多少资产，就是要他赔偿 10 万美元给麦克阿瑟，凑够这笔数字，他也会破产。如果他不能赢得这场官司，那么他的专栏也将面临关闭的危险。但皮尔逊很自信，认为自己一定会赢，因为对于路易斯会出庭作证这一点他非常有信心。

路易斯在对皮尔逊讲那些故事时是那么地动情，以至于皮尔逊对路易斯的讲的话都丝毫没有怀疑。他相信，在法庭上路易斯一定会把她的故事重复给法官听的，因为她对麦克阿瑟的情绪是那么的恼怒。但是这一切并没有像皮尔逊想像的那样，当路易斯面对皮尔逊的要求时，她被吓了一跳，接着非常干脆地拒绝了这个请求。路易斯也是一个高傲的女人，在记者面前她扮演的依然是与前夫保持良好关系的离婚女人，她绝不会将现在这样凄楚的生活现状暴露于公众。路易斯这样的举动让皮尔逊进退两难，他所有的财产，甚至加上他期望能赚到的钱加起来也填不满麦克阿瑟那颗暴怒的心。

但是皮尔逊还算幸运的，就在他走投无路之时，他抓住了一棵救命稻草，这简直就像狄更斯笔下的故事那样微妙。皮尔逊的一个朋友向他爆料说，麦克阿瑟有一个小情妇，如果可以寻到这个小姑娘，那么皮尔逊很可能会打赢官司。于是皮尔逊开始了疯狂的寻找，撒网似的搜索那个传说中的情人，但当他来到那家宾馆，那个属于她和麦克阿瑟的爱巢时，她早已经离去了，室内空无一人。

在那家宾馆扑空的皮尔逊的确有些失望，但是他知道要想找到这个能够救他于困境的女人并不是绝对的不可能。伊莎贝尔是是个混血儿，面部特征很明显，无论走在大街小巷，应该都会引人关注，只要她还在华盛顿，找到她只是时间问题。果然，在皮尔逊超强的搜索能力下，不到一周的时间，皮尔逊就找到了伊莎贝尔。

伊莎贝尔的出现着实让皮尔逊兴奋不已，此外，他还在她那里找到了他最渴望的物证。伊莎贝尔向他提供了一大叠信件，其中还包括电报和明信片。这些东西真实地记录了伊莎贝尔和麦克阿瑟之间的爱情，贯穿了他们由爱到恨的全过程，证明他们的爱情真实的存在过。然而，这些爱情的见证却并不是美好的事物，它们就像定时炸弹一样，只要皮尔逊和伊莎贝尔达成协议，就会随时发出轰鸣的爆炸声，带给麦克阿瑟的将会是致命的一击。

但事情远没有终止。伊莎贝尔可不是路易斯，她不仅要在法庭楼面，还要对麦克阿瑟的行为进行全方位的指证。皮尔逊的律师和她进行了交谈，但是伊莎贝尔并不会轻易交出她手里的东西，她向皮尔逊要了一个不小的价，皮尔逊的律师还告诉麦克阿瑟的律师，说他们不仅握有相关的证件，而且伊莎贝尔也会在法庭上当面作为证人进行控诉。麦克阿瑟很聪明，他和皮尔逊谈判，双方互相给个台阶下就会撤诉。这样，双方达成了协议，麦克阿瑟撤诉了。

这场沸沸扬扬的官司就这样不了了之,伊莎贝尔许下承诺,不会再朝麦克阿瑟所要钱财。她就这样彻底从麦克阿瑟的人生当中消失了。

事实上伊莎贝尔并没有遇害,她在几个月后就嫁给了那个法律系的学生,但是很不幸,她所追求的婚姻并没有给她带来幸福,不久她就离婚了。然后她就只身一人去了好莱坞,希望进入电影界。但是她没有成功,她的梦想破灭了,同时她整个人都变得极其消极,之后她在洛杉矶就只能找一些廉价的工作来勉强维持生计。1960年,她在被逼无奈的情况下服药自杀,结束了47年在这个世上的浮华游戏。

二战浪漫曲

人的一生就是在不断的进行选择，麦克阿瑟也是如此，他离退休还差9年，他在思考他未来的人生，而这种人生的抉择让麦克阿瑟陷入了迷茫，这与他所熟悉的战场不同，是需要考量很多，顾及很多的。

麦克阿瑟担任过陆军最高的职务，于是就算是退位以后，他也愿意担任较低的职务，男人都是很要面子的，这样做未免会降低他的身份。此外，他还想到了他的父亲，曾经戎马生涯，到生命的最后9年也不得不过上了凄凉的生活。麦克阿瑟不想这样，不想重复父亲的悲剧。但是，麦克阿瑟是一个很看重权势的人，渴望拥有权力，不断挑战自我，希望自己起到举足轻重的作用。

1935年11月，正当麦克阿瑟为此事一筹莫展的时候，美国国会通过了一项法案，从此，菲律宾开始取得自治权力。从表面上看来，这事与麦克阿瑟没有什么关系，实则不然。麦克阿瑟的老相识奎松成为了这里的第一任总统，并让麦克阿瑟协助他管理相关事务。这令麦克阿瑟兴奋不已，他很快就接受了这个邀请。

在麦克阿瑟看来，没有什么比建设一个新的国家更值得投入的了，何况他还非常热爱菲律宾，麦克阿瑟在那里是一个广为传颂的人物，他是人们敬仰的英雄。罗斯福总统让他继续持有军籍，叫他去在军事上协助奎松。这对麦克阿瑟来说无疑是双丰收，不仅可以领取美国陆军的薪金，而且每年还要拿菲律宾政府给予的报酬和补贴。

临行的时刻很快就到了,麦克阿瑟马上就要告别祖国去往他乡了。不久,麦克阿瑟踏上了西行的列车,下车后再乘轮船,就达到了旧金山。这一行人有麦克阿瑟的家庭成员,也有他的助手。他年过80的老母亲、还有他的嫂子也一同前往。这艘轮船上挤满了社会上层人物,,他们都是去参加菲律宾自治联邦成立及奎松任首届总统的典礼的。

就在麦克阿瑟去菲律宾之前,罗斯福还给他一个宽心丸,指令上明确地写着,麦克阿瑟被暂停职权只是暂时的,他的陆军参谋长职务将一直担任不少时间。罗斯福是答应他,不会在这之前提拔任何新人,但这个承诺就像一个童话一样虚无缥缈。

但是,麦克阿瑟刚走,就在第二天,麦克阿瑟总参谋长的职位就在罗斯福的命令下被人给接替了,而且即刻生效,这个人就是马林·克雷格。麦克阿瑟得知这个消息的时候简直是怒不可及,失去了陆军参谋长的地位,就意味着现在的麦克阿瑟只是一名少将,原本以他最高军衔参加典礼的梦想不能实现了,为此,他感觉罗斯福欺骗了他。而罗斯福之所以这么做,只是为了显示自己权利的威力,而麦克阿瑟还没有认识到这一点,他只是觉得作为一个如此有威信的人,是不能够将别人玩弄于股掌之中的。麦克阿瑟大怒,像狮子一样地咆哮,但他却无力挽回这件事。可能就是因为政治家对他的这种出尔反尔,致使后来的麦克阿瑟公开反抗上级命令。

一波不平,一波又起。麦克阿瑟前往马尼拉时,已经80多岁母亲执意要陪同儿子一起去,她觉得自己已经没有多少时间了,因此一刻也不愿意离开自己的儿子。由于老母亲年纪太大,在颠簸的轮船上行动极为不便。由于轮船的晃动过大,再加上健康状况不佳,母亲的一条胳膊骨折了,这对已经是风烛残年的老人来说无疑是雪上加霜。麦克阿瑟为母亲的身体状况感到焦虑不安,寸步不离地看护着她。

塞翁失马,焉知非福。麦克阿瑟又一次被丘比特的箭射中了,完美乐章也开始于此次航行,因为,他人生的第二个妻子——琼·玛丽·费尔克洛思。说起来,费尔克洛思与麦克阿瑟也是颇有渊源的,她出生的地方是麦克阿瑟的父亲阿瑟二世在内战时曾经战斗过的地方,而费尔克洛思的祖父曾经与阿瑟二世带领的部下发生过战斗。正是因为内战,费尔克洛思家族成为当时的大家族。

费尔克洛思是一个充满智慧的女人,从小就被军人文化熏陶,晚上入睡时陪伴她的不是催眠曲而是战斗故事,家中祖叔父中曾有四人都在部队服过役。正是因为这种耳濡目染的环境,费尔克洛思一直对军人怀有仰慕之情,也非常向往军旅生活。费尔克洛思具有很多和麦克阿瑟一样的地方,这些也是他们相互吸引的原因之一,她与麦克阿瑟就像是上帝特意安排的,在她和他相见时才会相见恨晚。

费尔克洛思和麦克阿瑟的母亲一样,都是睿智而有坚韧心的女人。由于父亲去世留下了大笔遗产,费尔克洛思为了不过无聊生活,就用这些钱财四处旅游,去过了许多国家,游览了无数的名胜古迹。费尔克洛思这次本来是打算要去上海拜会几位美国朋友,可能会在那里一起居住。

此时,37岁的费尔克洛思与麦克阿瑟不期而遇于航程的宴会上。她的一切都深深地吸引着麦克阿瑟:她有一双如星星般明亮的褐色双眸,一头乌黑的秀发,娇小玲珑的身材,风趣幽默的言谈,甚至是她的举止也那么的活泼可爱……而麦克阿瑟之所以爱上费尔克洛思,是因为她嫁给军官再合适不过了。

费尔克洛思也注意到了麦克阿瑟的目光,她落落大方地过来与麦克阿瑟攀谈,这又让麦克阿瑟的爱慕多了一分。"胡佛"号到达檀香山,第二天,费尔克洛思上岸回来之后,她看见自己呆的地方有很多鲜花,这是麦克阿瑟送的。

尽管麦克阿瑟已经 55 岁了，但是他站得笔直，比年轻的小伙子还结实，样貌和举止也有说不出的英俊与潇洒，费尔克洛思也在麦克阿瑟举手投足间失了神……于是她改变了本来的计划，她决定跟着麦克阿瑟，去马尼拉。

一路上，麦克阿瑟把的很多时间都用在母亲上，只有在吃早餐的时候才走出自己的船舱。为了能够看到麦克阿瑟，费尔克洛思改变了以前晚睡并不起床就是造反的习惯，每天都按时的起床出去吃早餐。到了马尼拉，麦克阿瑟一家人上岸，费尔克洛思跟随在后，并在一家宾馆里住了下来。

尽管旅途中两人相见是一件值得高兴的事情，但是并不等于完全惬意和浪漫，因为随同麦克阿瑟一起前往菲律宾的母亲身体越来越糟糕，麦克阿瑟大部分时间都在细心地照料她。即使如此，抵达马尼拉不到两不久，这位耄耋之年的老人死于脑血栓。弥留之际，看着床边连续几天彻夜未眠照顾自己的儿子，母亲几近失明的眼睛里流出浑浊的泪水，她伸出颤巍巍的手紧紧抓着麦克阿瑟的大手，她实在是舍不得儿子啊！麦克阿瑟看着弥留之际的母亲，忍不住红了眼眶。

除了不舍更多还是无奈，没人能够让死神停下脚步，即使是叱咤风云的麦克阿瑟也没有这个权利，就这样，为麦克阿瑟奔波了一生的老母亲在他的怀里永远地睡去了。

麦克阿瑟非常想念母亲，自从母亲去世后，他就将她生前经常使用的桃木拐杖带在身边，那是母亲人生最后 10 年的依靠，带着它就好像母亲在自己身边一样。他深深的怀念着自己的母亲，这是深沉的缅怀和敬意。

麦克阿瑟有着天生的沉稳和深沉的特质，还有这对戏剧的敏感的洞察力。母亲给了他诗人和艺术家般的气质，这种气质将伴随麦克阿瑟一生。母亲也教给他坚强,因此,无论遇到什么情况,麦克阿瑟都能打起精神,重新站起来。

尽管麦克阿瑟有很强的个性,但他也是那个阶段的人物,在麦克阿瑟的时代,母亲的作用受到极大的重视,可谓是影响他一生极其重要的女人。

在麦克阿瑟看来,生活中一定要有女人,没有女人的生活是不完整的。而在他的将军生涯里,伴随着他的往往是战争和荣誉,当他看到费尔克洛思时,他认定这就是那个能与他同甘共苦的女人。从另一个层面上,有费尔克洛思的相守,减轻了母亲逝世对他造成的痛苦。

在母亲去世后,麦克阿瑟悲痛欲绝。他在回忆录中写到:"母亲带着我说不尽的思念走了。"对于母亲的离去,麦克阿瑟始终都不能接受这个现实,在相当长的一段时间里,他不愿相信这是真的,他第一次感到是那样的无助,终日沉浸在失去亲人的痛苦中。在这期间,费尔克洛思始终陪伴在麦克阿瑟的身边,她充满耐心而又饱含爱意的安慰给麦克阿瑟以劝慰,她说:"你不要忘记自己来这里的真正的使命。"也正是这样的相互扶持使得麦克阿瑟重新振作起来,也从心里爱上了这个优秀的女人。

在麦克阿瑟到达菲律宾的第二年,菲律宾将麦克阿瑟推上陆军元帅的座位上,还特意将一根金指挥棒颁发给麦克阿瑟。在授衔仪式上,这位平时就穿着特殊的人更是大出风头。他穿着白色的尼龙大衣,黑色的裤子,左胸上闪烁着美国陆军黑绿色相间的大绶带,右肩上是浅蓝色的陆军军官肩带,制服的帽子上是一只引人注意的美国鹰,这是一项他非常喜爱的帽子。当人们看到他身着盛装,气宇轩昂地走在众人面前时,认为他是为了虚名,潘兴也认为吹嘘一个虚无的元帅是毫无意义的甚至是有些滑稽的。

个性使然,麦克阿瑟不会在意任何人对他的看法,他就是要追求独特,如果不是他这鲜明的个性,也就不会有历史上这位不平凡军人的出现。无论人们对他是崇拜或是批评,正因为鲜明的对立,才彰显出麦克阿瑟的真实与完整。

在完成了母亲的遗愿后,麦克阿瑟就开始处理第二件事情。经过筹划,他与相识了近一年半时间的费尔克洛思举行了婚礼。在纽约市政大楼里,婚礼虽然简单,但很隆重,婚礼上的麦克阿瑟看起来精神矍铄,神采奕奕,而新娘娇羞可人。

当他们走出结婚殿堂的时候,蜂拥的记者把他们团团围住,不停地提问着自己想到的八卦问题。然而,麦克阿瑟并未对此表示愤怒,只是留下了一句话:"这是个值得纪念的时刻。"便带着新娘去了一个大酒店,一起吃了夫妇的第一顿新婚早餐。新婚的两个人在举行完仪式后就去度蜜月了,麦克阿瑟重新拥有了一个家,从此他不再孤单地一个人守着寂寞过日子。

度完蜜月后,麦克阿瑟和费尔克洛思一起返回了马尼拉。据说麦克阿瑟在回到家时,幸福得把妻子抱起来冲进属于他们两个人的家中,那是马尼拉旅馆顶层刚装修好的套房,奢侈而豪华。但是麦克阿瑟是将费尔克洛斯从一个不起眼的门厅抱进去的,从外面根本看不出里面有多么的宽敞豪华。

这的确是一套豪华的住宅,门室里面就是一个宽大的客厅,墙壁上挂着英雄画像,他们全是麦克阿瑟心目中非凡人物。每个肖像上面都有主人的签名,房间里宽敞明亮,天花板很高,整个房间看起来是那么的舒服,身在其中的人会有种身心舒畅的感觉。

从餐厅里可以看见环绕三面的马尼拉湾,外面风景如画,屋内精雕细琢。屋顶的房梁上挂着桃木制的烛台,他们平时吃饭在好莱坞式风格的早餐厅,房间的宽大的窗户上挂着精美的窗帘,为这个房间勾勒了精彩的一笔。

房子里有一个书房,书房里有许多藏书,很多都是它上一代的人的藏书。那些书都很有顺序地放在书柜里。在书柜的旁边的桌子上放着展盒,里面保存着父子俩的勋章,刚剪下来的鲜花的香气充斥了宽敞而安静的书房。

　　和别的将军不同,麦克阿瑟不喜欢展示他的照片,哪怕是那些尽显他威武的照片,在马尼拉宾馆也是看不到的,只有在费尔克洛思的房间里才有一张小照片,而它是那么的容易被人忽视。

　　结婚10个月以后,费尔克洛思生下了一个儿子,这是麦克阿瑟的第一个也是唯一的一个孩子。麦克阿瑟对他这唯一的儿子是疼爱有加,做了父亲的他心里有着说不出的高兴。此后,三个人开始了和谐的日常家庭生活,生活幸福而安宁。

　　在自己的儿子出生不久,他就向儿子传授成为军人的梦想,并让他尽量维护家族的荣誉。麦克阿瑟总是很搞笑,他的朋友还记得他很经典的一句话"在洗澡的时候,唯一能够听他唱歌的人就是他的儿子 。"但是后来,阿瑟四世没有进入部队,因为他不喜欢军人这一职业。

　　麦克阿瑟虽然希望儿子能像他一样,成为一名优秀的军人,但是麦克阿瑟是一个极为开通的人,他不会强求别人一定要遵循他的意志走完自己的人生,他希望他的孩子能够和他一样做自己喜欢的事情。

　　他们的生活充满了幸福的味道,这种幸福属于寻常可见的一类,虽然他们的家庭注定了是备受关注,但是他们的日子仍然按照他们所希望的那样低调的继续着。麦克阿瑟每天都会起得很早,他最经常性的动作就是在刮完脸后用梳子慢慢的梳理他的头发,每次都一刻钟左右,原因是他用这种方法来刺激头皮,与他那不可挽回的秃头趋势做抗争。但是随着时间的侵蚀,人生接近第六个十年的他,头发还是渐渐地变少了。

　　麦克阿瑟做了几十年的军人,身体素质是他最在意的,虽然已经年过半百,但他仍然在不断地进行身体锻炼。在洗漱结束之后,他会用半个小时的时间来做身体锻炼,然后再陪费尔克洛思共进早餐。早餐后麦克阿瑟都会陪着他的夫人一起散步,这也是他认为最温馨的时刻。在这段时间里,他们完全是二人世界,年幼的儿子由他的中国保姆阿朱照料,因此他从不会在这个时候打扰到他们。

他们的家现在也越来越像一个婴儿房了,到处都是亚瑟的玩具。在他们公寓的阳台上摆放了很多热带植物,但是现在那里俨然成了小家伙的乐园,在这些植物中间多了一个用于水中玩耍的池子,有不少橡胶制品在里面浮着。亚瑟在白天的时候总是赖在这里不肯出去,他喜欢在水里面嬉戏。

麦克阿瑟也会经常与小家伙玩耍,但是他要小心翼翼地避开植物的阻拦来到亚瑟的水池边。老了才生儿子的麦克阿瑟很享受孩子带给他的乐趣,只要有时间他就会来这里看看,他也会在这里沉思,然后踱来踱去。

麦克阿瑟虽然有着极好的待遇,公寓也是很豪华,但是他却是个很简朴的人,生活上从不铺张浪费。他的食谱会让人看起来毫无兴趣,一日三餐都是素淡的食物。他从不喝咖啡,但是晚餐前他会喝上一杯用调和的鸡尾酒,这是他的嗜好之一。还有一种嗜好就是抽烟,他喜欢各种烟盒,他收集的二十来个烟盒大都是象牙材质的。他每天至少要抽一包烟,烟斗是他必备的工具,他这一生几乎完全依赖尼古丁。

麦克阿瑟特别喜欢看电影,很多晚上他都想要解这个瘾,每次他都会拉着费尔克洛思一起去,有时费尔克洛思不能陪他的时候,他也总有办法拉上几个人。他有时也会利用一下将军的特权,强行叫上像艾森豪威尔这样的将领或者老同学一起去。当费尔克洛斯不能陪伴他的时候,他经常会与这些人进出电影院,有时他们也会被带到拳击比赛的现场观看比赛。

费尔克洛斯喜欢跳舞,但是麦克阿瑟在他与路易斯婚姻结束后就戒了舞,在那之后的所有舞会上,他都没有再跳过舞,包括他与伊莎贝尔在一起的时候。但是麦克阿瑟会要求他的助手陪费尔克洛斯跳舞,然后一个人坐在旁边欣赏。

每个人的生活总有不同的精彩，他们的生活就这样很有秩序的继续着,麦克阿瑟总算有一个完整稳定的家,在他的回忆中,充满了他对费尔克洛斯感激之情。就这样,他们沿着温馨的道路继续着他们的幸福。

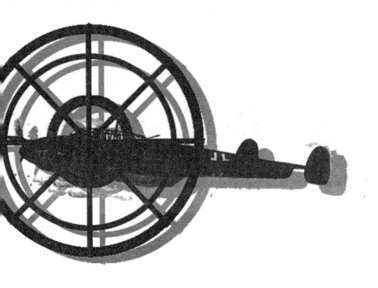

布莱德雷

美国五星上将布莱德雷在二战中立下赫赫战功，他为人随和，关心手下的人，颇受人尊敬。但还有一些鲜为人知的，就是他对感情的专一，对家人、对妻子的爱是众多将领所不及的。

当世界在风雨飘摇中动荡的时候，布莱德雷始终如一坚守着自己的信仰。他不仅仅把军事指挥的睿智发挥到了极致，同时也把爱情的堡垒铸造得坚不可摧。

用"情至深，意更切"来评价布莱德雷是那么完美，他对爱妻玛丽的爱自始至终都没有动摇过。他把毕生的精力都用在了他引以为荣的军人事业上，妻子玛丽是他所有感情的汇集，玛丽对于布莱德雷来说是他一生的守护。

少年的布莱德雷生活困窘，但是"自古英雄出少年，少年英雄多磨难"，似乎在布莱德雷身上做了最好的验证。布莱德雷从一个穷困潦倒的小伙子直到成为美国的五星上将，他的妻子玛丽都忠实地陪伴在他的身边，他很感激妻子为他所做的一切。

当午夜风吹过，回味起布莱德雷的唯美爱情，不禁期待着那样一份感情会来到身边，然后相守一生。

少年显情怀

历史的长河源源不断的向前流淌，那些走过的痕迹有的已经模糊不清，有的还依稀可见。重情重义的痴情将军布莱德雷，对妻子玛丽不离不弃、忠贞不渝的爱情确实令人钦佩。

事实证明，著名人物的缔造往往是全面的，只有金戈铁马、血战杀场，是不足以征服所有人的。他们不仅有壮志豪情，也有缠绵的儿女情长，只有这样他们才是完美的。布莱德雷的人生可以说是体味到了人生百态。

1908 年的秋天，经过一番努力的布莱德雷终于被梦寐以求的高中所录取。可是，这样的喜悦并没有冲淡布莱德雷的担忧，高昂的学费和家境的贫困在考验着这个小伙子。不过对于坚强的人来说，这一年是喜悦和辛劳互相提携着，让少年的布莱德雷迅速地成长，为了解决学费问题，布莱德雷便开始一边上高中，一边在课余时间卖报纸，虽然收入很少，但是也能够给贫苦的家庭生活减轻一点负担。

坚强的布莱德雷，他对美好未来的憧憬和对生活的信心从未减弱过，这些来自生活中的磨炼为他以后的成功打下了基础，就像世人常说的那样：少年时代培养出来的人格往往决定着长大后的发展趋向。

其实，这一次考入莫伯利高级中学的收获还不仅仅于此，还有一份喜悦在偷偷的靠近他，一个美丽漂亮的姑娘，将走入他的心中。

布莱德雷 16 岁生日那天，也就是 1909 年 2 月 12 日，这一天他终身难忘，多年以后他回忆当年的往事都会说："我太感谢那一天了，甚至无法用语言来形容。"从那以后，每次布莱德雷再过生日的时候，他都会争取过得热闹隆重一些，就是为了纪念他与玛丽相识的日子。可见，布莱德雷是多么爱着后来成为他妻子的玛丽。

身为基督教徒的布莱德雷一家，每到周末，家里所有的人必须把盛装在身，然后去教堂做礼拜。布莱德雷的母亲就是在教堂里为布莱德雷进行到了年龄必须接受洗礼的仪式。当时，布莱德雷还参加了教堂里举办的学习班。在这次学习的过程中，他与老师尤多拉·奎尔建立了良好的关系。尤多拉也算是个不幸的人，很年轻就成为了寡妇，她有两个女儿，大女儿叫做玛丽·伊丽莎白，她比布莱德雷大几个月，小女儿叫做萨拉·简。

初识情感滋味的布莱德雷被年轻漂亮的玛丽深深地吸引了。然而，布莱德雷的性格很内向，很少与人沟通和交往，平日里和女孩子说话那几乎是不可能的事，想要在自己喜欢的姑娘面前表露感情更是羞于开口了，更何况玛丽那时已有了情人，家境清贫的他更是不敢奢望能够得到玛丽的喜欢了。那时的布莱德雷内心十分矛盾，深深的思念让他不能自拔，但自小培养出来的坚毅性格使他感到不能在这样无谓的思念下去了，为了不为感情所困，布莱德雷转移了自己的注意力，不再去想念玛丽，每天都是学业、体育和家务，渐渐地，布莱德雷忘记了那份懵懂的感情。

机缘巧合

　　勤奋的努力,终日的学习,最终给布莱德雷带来了好运气。在那年收获的秋季里,布莱德雷收到了学校的通知,让他直接跳升到三年级读书。说来也巧,布莱德雷上三年级后竟然和玛丽在同一个班,这使布莱德雷既欣喜,又有些伤感,他不知道自己每天应该怎样面对玛丽。

　　在与玛丽同班的时间里,玛丽对年少的布莱德雷也产生了兴趣。可能是布莱德雷在她面前的腼腆让她认为布莱德雷是个与众不同的男孩。一次学校的运动会结束后,布莱德雷鼓着勇气,邀请玛丽到校内的绿荫小道上走走,事实上还是没有他预期效果那么好。他吞吞吐吐的邀请,惹来玛丽的一阵阵笑声,但是善良的玛丽还是欣然应邀。

　　此后,两人的话题越来越多了。在不断接触中,布莱德雷身上的那种善良的品质,以及他的才华渐渐地吸引了玛丽,玛丽对布莱德雷开始不那么有距离感。第二年夏天,天气格外的炎热,如火的太阳炙烤着大地,布莱德雷以优异的成绩结束了他的高中学习生活。但是,接踵而来的问题也使他十分苦恼,他不得不考虑选择何种职业。

　　高中刚刚毕业的布莱德雷,为了他的理想,开始四处奔走以谋求一份工作。功夫不负有心人,布莱德雷在找到一个专门维修蒸汽机的差事。在那里,他每天能赚到十几美分的工资,这样,布莱德雷一个月的月薪可以拿到四十几美元,一年下来也就会有近五百美元的收入了,这让布莱德雷很是高兴,对未来生活充满了期待,对玛丽的爱情有了更多的憧憬。

相比之下，玛丽的日子就要幸运的多，在姑妈的关照下，她在一个范学校上了两年的学。如果顺利的话，她还将顺利到密苏里上大学。高中毕业后，布莱德雷和玛丽之间的几乎没怎么相聚，他们之间的感情也停留在原有的步调上，并没有大踏步的发展。

就在这一年的夏天，布莱德雷的母亲，无法忍受生活上的孤单落寞，决定跟一个农夫再婚。那一年的圣诞节，正如人们所期望的那样，下起了美丽的雪，使节日的气氛更加浓重了。而令布莱德雷十分开心的不仅仅是节日的到来，还因为在那一天，他那辛劳的母亲同她的心上人走进了婚姻生活，重组破碎的家庭。

二战浪漫曲

西点军校的日子

对于布莱德雷来说,没能就读高校实在是一件令人伤心的事情,与心爱的玛丽的离别更是雪上加霜,但是布莱德雷并未放弃希望和想法,他正朝着心中的彼岸坚定地走着。后来,布莱德雷进入西点军校,他的命运也由此改变了,为国家而战也成了他终生的信条。

经过了 3 年艰苦的学习和训练,布莱德雷同年的学生们终于可以休假了。离家三年的布莱德雷对家乡亲人的思念是不言而喻的,他带着兴奋的心情回到了莫伯利,久违的亲人见面自然有很多事情要交谈。母亲和继父询问了布莱德雷在学校的情况,而布莱德雷将所有经受的艰苦都隐去了,只说了在学校中发生的有趣的事情,还有那些值得他骄傲的事情,这些使饱受三年思儿之苦的母亲,得到了些许的安慰。

在与家人一起享受了团聚的快乐之后,布莱德雷每周都会玩几场棒球,这是回自己的家乡比赛。虽然也很快乐,但是这都是次要的,最主要的是他一直爱恋的玛丽·伊丽莎白已经读完圣克劳德师范学校两年的课程,她现在在一所中学当老师,地点就在明尼苏达州艾伯特利,这个时候,她刚好放暑假,布莱德雷和玛丽接触的时间就多了起来。

布莱德雷和玛丽两个人经常和亲友们外出参加一些聚会性质的活动来增进感情,大多数时间则是他们两个单独在一起聊天。进一步的交往,使两个人对彼此的了解更加深入了,爱情的光芒已经不知不觉在他们的心中发出光明。

两个半月已经是很长的假期了,但在布莱德雷和玛丽看来似乎一转眼就过去了。美好的时光都让人觉得不够长,纵使他们极不情愿,但是假期还是要结束了,玛丽和妹妹要一起去读大学。离别对于这对刚刚坠入爱河的情侣来说是多么的残酷啊,但是生活就是这样,不会一成不变的使人享受美好。布莱德雷和玛丽两个人相约每个月给彼此写信。

布莱德雷的假期很快结束了,他又回到了西点学校。时光荏苒,一晃已经过了很久,这一年也是布莱德雷在军校即将毕业的一年。这一年,布莱德雷充分证明"努力付出终有回报"的道理。在 14 名候补学员中,布莱德雷的表现极为出色,最先被提拔任命为中士学员,并在不久后晋升为上尉,这让的成绩让人羡慕不已。

此时正值第一次世界大战期间,但是战争的爆发并没有对远离尘世、因循守旧的西点军校产生任何影响。布莱德雷虽然身在刻板的西点军校,但却时刻关注着战场形势,而得到战争动态信息的渠道却只能是公开出版的报纸和杂志。

1915 年,布莱德雷毕业了。和布莱德雷同时进入西点军校的学员有相当一部分被淘汰了,能毕业的都是精英,而布莱德雷就是其中的一位。4 年的艰苦训练和辛勤的学习,让布莱德雷以排名 44 名的良好成绩毕业。虽然布莱德雷的数学考的不错,但是英语却拖了他的后腿,不然,布莱德雷的排名应该会更高。

布莱德雷的这届学员也成为了西点军校出现将军最多的一个班。一百多个毕业生在第二次世界大战中充分地展示了他们的才华,有三分之一的人成为将军,布莱德雷以后,美国再无五星上将。

在布莱德雷的自传中,他对在西点军校的这段经历也给予了很高的评价,他说:"在西点军校的这四年是我收获最大的四年,在这四年的时间里,西点军校成功地把我培养成为了一位合格的军人，把我从一位傻里傻气的乡间小孩变成了一位名副其实的军官，也是这几年完全地改变了我的人生。"

在西点军校几年的锻炼下，布莱德雷长了见识，而且还成为了一名各方面都很优秀 的军人。热爱体育运动的布拉德利，不仅仅精通于各种体育项目，从长远的意义来开，布莱德雷还在运动中认识了各种各样的人物，并通过运动，了解了他们的性格。在二战中，布莱德雷便充分地运用了在体育运动中了解的人物的个性，充分地把手下的每个将领的潜能发挥出来。

布莱德雷后来说道："留在了陆军部的军校的我们那一届的参加棒球队的，后来都成为了将军。"

布莱德雷毕业的时候，美国陆军部队有5%担任军官。成为哪个兵种，成了摆在布莱德雷眼前的难解的问题。他的同学有的选择了步兵，也有的成了骑兵。

刚刚毕业的布莱德雷面临着到哪个兵种部队去服役的问题，根据兵种进行升职，因此，所有毕业的学员无不向往着成为工程兵或野战炮兵，因为这两个兵种晋升的速度会比较快。

布莱德雷本来也是想要加入炮兵和工程兵部队，但是因为成绩居中，布莱德雷不得不选择去步兵部队服役。所谓"塞翁失马，焉知非福"，就在布莱德雷为自己的选择失望透顶的时候，陆军部取消了"分兵种"的晋级方式。这也就是说，在步兵部队服役的人有同样的晋升机会。

二战浪漫曲

爱情的丘比特箭穿透了布莱德雷的心，在西点军校的日子里，他无时无刻不在思念梦寐以求的姑娘玛丽。

布莱德雷在军校期间所表现出的出色才华几乎赢得了所有人的认可。眼光锐利的老教官米罗特有一个十分漂亮的女儿丽莎，年龄与布莱德雷相仿，在当地政府任职，论条件相当不错，丽莎的心目中一直向往能嫁给一个像她爸爸那样威武的军人。米罗特自然明白女儿的心思，想把女儿丽莎嫁给布莱德雷，曾经不止一次的在布莱德雷面前提起，布莱德雷每次都婉言谢绝。

倔强的米罗特甚至在一次庆典舞会上将丽莎带来学校，与布莱德雷见面。其实年轻的激情放在每个人的身上都依然适用，当布莱德雷亲眼见到了年轻美丽而又干练的丽莎时，心中掠过了一丝动摇。不过很快他就想到了他追求已久的玛丽。此刻，在他看来曾经年少时的朦胧感与美丽是无法比拟的，最终，他还是拒绝了丽莎。

其实，在那个时候，布莱德雷也不确定他与玛丽有没有未来，但他就是凭着一个坚定执著的心，无怨无悔、甚至不计后果地爱着玛丽。

按照西点军校的习惯，每个毕业的学员在正式去部队服役前都可以享受三个月的毕业假。1915 年 6 月中旬，几年的军校磨砺终于要画上了一个句号，布莱德雷从学校返回了离开很久的家乡。

时隔一年，布莱德雷再次回到了家乡。与上一次回家不同的是，他已经毕业了,人也变得成熟了很多,他不再是以前那个腼腆、羞于表达感情的少年了。在这段时间,布莱德雷终于在他的感情路上迈出了至关重要的一步。

在布莱德雷休假的时候,玛丽也读完了大学的课程,这样他们又有机会见面了。因为他们经常通信,因此他们的感情已经较为亲密了。虽然经过了 4 年的时间,布莱德雷已经不再像以前那样腼腆,已经变得开朗了很多。但是开始的时候,他还是会在玛丽面前感到不自在。在几次见面之后,布莱德雷才能够轻松的在玛丽面前谈笑风生。

玛丽漂亮的容貌、开朗大气的性格,无不深深地吸引着布莱德雷。这个假期,布莱德雷很少去参加别的活动,他将更多的时光用来陪伴玛丽,因为他知道他们的相聚总是短暂的,所以任何一点时间他都不想浪费。两个人把大部分时间花费在骑马和野餐中。当布莱德雷在马背上像守护神一样紧紧地抱着玛丽,以防她会摔下去的时候,他就会觉得这个世界是那么美好,似乎天空里的云朵都在微笑。

在骑马和野餐中,布莱德雷和玛丽有了更多的时间聊天,他们谈论很多事情,彼此的喜好、观念乃至理想抱负,这让他们彼此欣赏,像其他的浪漫的爱情故事一样,就在毕业假快要结束的时候,布莱德雷终于坚定了自己的决心,怀着忐忑不安的心情,把一价值不菲的戒指送给了玛丽。

当玛丽羞涩地伸出左手,示意布莱德雷为她戴上戒指时,布莱德雷几乎高兴得跳起来。就这样,他和玛丽正式订了婚,并约定在玛丽大学毕业后举行婚礼。饱经艰辛的布莱德雷终于等到了这件令他高兴万分的事情,快乐的他每天都会带着微笑,步履也十分的轻盈。

此时的布莱德雷,不得不服从命令,因为这是一个军人的天职。幸福快乐的日子终于在 9 月 12 日被打破了。那一天,布莱德雷接到了上级的命令,命令他去步兵部队就职。这对幸福的爱人不得不再一次面对离别。

该步兵团的长官是威尔逊上校，该团所属的几个步兵营，分别驻扎在不同地区。第一营的驻扎地为阿拉斯加的边境，这是个荒无人烟的地方，他们主要负责执行勤务方面的任务；第二个营驻扎在一个叫劳弗顿堡的地方。布莱德雷来到驻扎在乔治·赖特堡的第三营。

布莱德雷达到目的地之后，和几个少尉住在同一间屋子，这个地方面积不是很大，虽然有些拥挤，但每个人都很善于处理人际关系。在这个连里，有一个名叫而埃德温·福雷斯特·哈丁的少尉，和布莱德雷是校友，并且具有渊博的学识和深厚的军事专业修养，他服役多年，经验丰富。这个人后来对布莱德雷产生了一定的影响。在第 11 连期间，布莱德雷与玛丽只能靠通信、打电话表达彼此的思念之情。

步入婚姻的殿堂

爱情对于每个人来说,都是幸福的梦想。布莱德雷更是求之心切,他多么想把这种爱早日生根发芽,开花结果。

1916 年 5 月,大地已经花红柳绿,但人们的心情却很坏,即将面临的战争让人心里忐忑不安。半年后,军用物资准备齐全,布莱德雷所在的步兵团出发了。布莱德雷对战争很反感,况且,他一旦参战了,那么婚期也就不得不推迟举行。所以,在其他的军人都为能够参加实战而感到兴奋不已的时候,布莱德雷却为此十分苦恼,但作为一个军人他是没有任何理由不服从命令的。

动乱不安的局势多了几许复杂多变,本来布莱德雷与玛丽约定一个月后在莫伯利结婚,假期都安排好了,却偏偏赶上前线告急,请求援救。布莱德雷不得已告诉玛丽,他们结婚的日子可能要推迟 很久。这件事情却无意中变成了一件好事,因为玛丽在大学毕业后不久,就因伤寒住进了医院,由于病情严重,玛丽几个月内都下不了床,而且病痛让玛丽的头发也快掉光了,骨瘦如柴的玛丽哪里还适合结婚,当前最主要的是静心修养。因此,布莱德雷与玛丽的婚姻因战争延后,却也是因祸得福。

形势并没有布莱德雷想像的那么悲观,两军对峙的态势没有维持多久,便在外交谈判中缓和下来。被派去守卫边防的军队开始无事可做了,这虽然让所有人都有点失望,但是,布莱德雷却为此而暗自庆幸。因为,战事只要没有开始,他和玛丽就可以尽快完婚了。

好事接连不断地垂青布莱德雷。1916年10月,美国颁布《国防法令》,出于陆军的扩充需要,布莱德雷被升职为中尉,军饷也比原来增加了。

两个月之后,刚刚被晋升的布莱德雷又迎来了美事,此时的玛丽病情已经基本康复。在12月28日这一天,布莱德雷和玛丽一起走入了婚姻的殿堂,在短短的两个月中,布莱德雷就经历了人生中重要的两大喜事,真是令人羡慕不已。

婚后,布莱德雷对玛丽更是温柔体贴。两个人一同到他们喜欢的地方去度蜜月,之后,布莱德雷带着妻子在驻地尤马定居了。尤马是一个荒凉的小镇,漫天的风沙使整个街道常年覆盖着灰尘。在这样的生活环境中,布莱德雷的业余生活,只能与一些军官喝点饮料聊聊天,也就没有别的项目了。这样的日子没有持续多久,布莱德雷便感到厌倦。于是,他决定申请去留守在阿拉斯加的第一营。但是申请递交后并不会立即被受理,要到夏天才可以执行,无奈的布莱德雷只能继续忍受着这种无聊的生活,期待着尽快离开尤马。

英雄的烦恼

一名军人，往往为自己能驰骋沙场，报效国家为荣，尤其是像布莱德雷这样优秀的军人，更希望有机会一展才华，参与实战。然而，这一次没能参加战争使布莱德雷感到十分沮丧，导致他长时间为此而苦恼，最后，他想要去能上战场打仗的部队，便离开了这个呆了很久的部队。但是，事情并没有如他希望的那么发展。

当时，第一次世界大战正是大的如火如荼，已经进入了高潮阶段。不久，美国打破了观望态势，向同盟国宣战。兵员在当时无疑是战争取胜的有利筹码，因此，为了备战，美国开始扩充军队。年龄在 21 岁到 30 岁之间的男性都要应招前来登记。

1917 年 5 月，蔚蓝的天空中，浮云快速地流动着。在美国的陆军部，调遣的命令也在频频下发。战争的来临，使布莱德雷前往第一营的愿望破灭了，他成了一名军需连长。无论怎样，能够离开这里，这对布莱德雷来说就是一件非常开心的事了。

此时的布莱德雷已经成家，对于婚姻他已经没有任何顾忌了，并且在尤马度过的那些无聊的日子，让他也开始对战争充满了兴趣。同其他人一样，布莱德雷认为在实战中才会得到锻炼，才会增加自己的才干，战争能够体现出一个军人该有的品质。作为著名军校的毕业生，布莱德雷 建功立业的远大抱负极其膨胀。因此，任何一丝可以去参战的机会，他都不想放过。

俗话说，一个人要想成功，其背后必然付出大量的努力和磨练。布莱德雷也同样深知这样的道理，所以他一直默默努力地工作着，不过，这次的幸运之神没能降临到他的身上。因为比其他的步兵团少了一个营，所以第14步兵团失去了上战场的机会。上级将交给布莱德雷的是招收新的士兵资源，这也就意味着在这场战争中，布莱德雷与沙场无缘了。

1918年1月，布莱德雷任职的步兵团又接到了调令，让他们到蒙大拿州，负责整个地方的金属统和其他事业。当时，铜是一种重要的战时物资，而蒙大拿州铜矿资源丰富，但是当地的居民经常罢工，严重影响了生产的进行。他的步兵团被调去各地的生产地点，维持秩序。布莱德雷又被任命为另外一个连的连长，率领着全连5名军官和将近90名士兵驻扎在蒙大拿州的比尤特。

在这段时间，布莱德雷经受了一生中最悲痛的事情。玛丽在十月怀胎之后产下了一名男婴，新生命的诞生原本该是一件好事，但是由于玛丽在怀孕期间受伤寒病的影响，所以，这个可怜的婴儿生下来便夭折了。孩子夭折的痛苦无时无刻不在缠绕着布莱德雷和玛丽夫妇二人。

孩子的夭折，使痛苦的往事一幕幕涌上布莱德雷的心头。弟弟的夭折，正直壮年的父亲与世长辞，父亲辞世后他同母亲所遭受的艰辛，所有这些无一不触动着他的心灵。伤心欲绝的布莱德雷没有顾及男人的尊严，在玛丽跟前流下了男人的泪水。玛丽此时已顾不上自己的心情，她轻柔地安慰着丈夫，在妻子的安抚下，布莱德雷的情绪也渐渐地平静了下来。

伤心痛苦的布莱德雷还不得不去执行上级交办的任务，他所率领的第6连负责维护秩序，以保证铜矿的正常运转。在此期间，为了缓解工作的无聊，布莱德雷这些新兵进行了相关的训练，并组织他们开展棒球比赛。他希望用忙碌来冲淡丧子之苦。

终于，布莱德雷又交上了好运气。很快，布莱德雷被晋升为临时少校。

升迁的喜悦多多少少冲淡了丧子之痛,他的情绪也慢慢地好了起来。他终于等到了否极泰来的时候,好事一桩接着一桩的找上门来,就在他升为临时少校后不久,他所在的兵团接到调往他处的指令,并且,该步兵团编入新组建的第 19 步兵师,准备奔赴法国的战场。此时,布莱德雷被升任第二营营长。这样一来,布莱德雷便可以离开这个让他无法忘记丧子痛苦的地方了,而且他也终于有机会参加战争了。

　　他所在的兵团到达目的地时, 很快便开始了紧锣密鼓的野外训练,但是,训练仅仅才持续了一个星期之后,不幸的事情便发生了。兵营在流感的潮流中没有幸免,所以,部队不得不大量地减员,使得正常的训练也无法进行了,而这时更使布莱德雷失望的是,法国战场发来德国想要中止战争的想法,这也意味着战争即将结束,布莱德雷想要驰骋沙场的愿望彻底地破灭了。

携爱妻两度奔走

接下来,布莱德雷得到了在一个学院任教的机会。在任教期间他工作非常努力,但在1920年8月,正当他准备全身心的投入新学年教学工作时,他接到了一封电报。电报中要他立刻辞去现在的职务,火速赶往西点军校担任教官一职。于是,布莱德雷携着妻子玛丽赶赴母校。在西点军校担任教官期间,布莱德雷大量涉猎军事知识和军事将领的各种传记,开始了他人生新的里程。

麦克阿瑟在西点军校实施的改革措施使得陆军部长潘兴很不满意。1922年6月,麦克阿瑟被变相解除了西点军校校长一职。西点军校校长一职则由弗雷德·斯莱登接任,他也是西点军校的毕业生。斯莱登上任以后,重新把西点军校的风格再次变得规范严格,布莱德雷对此相当满意。

在西点军校任教的日子也是布莱德雷和妻子玛丽过得最闲适、最快乐的日子。此时,布莱德雷的月薪已经有300多美元了,而且他们夫妻两人都很勤俭,从不奢侈。这对夫妇终于算是摆脱了贫困的生活状态,每个月甚至还有一些盈余。

此时的布莱德雷,事业有了,家庭也有了,生活也渐渐地好了起来,可让他们遗憾的是,始终没有孩子。虽然在来到母校不长时间,玛丽再一次怀孕了,然而这个孩子还是没能保住,这对布莱德雷夫妇的打击很大,他很害怕玛丽从此会留下习惯性流产的病症。

1923年春天,玛丽又一次怀孕了,这令布莱德雷兴奋不已。他悉心地照顾着玛丽,生怕她有任何以外,玛丽自己更是非常小心,平时包揽家务的她这一次也不再同丈夫抢着做了,而是将所有的事情都交给了布莱德雷,自己安心的养胎。因为对于她来说,假如是不能为自己深爱的丈夫生个孩子,将是她一生中莫大的遗憾。布莱德雷夫妇在提心吊胆 10 个月后,迎来了一个小生命,他们的千金诞生了。夫妻两人开心得不得了,为女儿取名伊丽莎白。

在高兴了几天之后,布莱德雷才察觉到到,这个小家伙的花销很大啊,他的薪金根本不够开支。面对这样的情况,作为一家之主的布莱德雷必须得担负其养活妻儿的重担。于是,布莱德雷开始利用业余时间去工地打工,用每天赚来的 10 美元缓解家庭开支的困难。作为妻子的玛丽自然很心疼丈夫,但是,因为要照顾孩子,她除了自己勤俭节约之外,什么也做不了,只能眼睁睁地看着布莱德雷受苦。这样的日子一直持续到布莱德雷买的股票获利,他们的生活才又好转,布莱德雷也不用再到工地上去做工了。

在夏威夷的日子里

1924 年春,布莱德雷晋升少校。这一年的 9 月,布莱德雷进入军校进修,着重学习陆军设备的使用以及各种战术的运用。从军校结业后,布莱德雷被派往夏威夷服役。在去夏威夷服役之前有一个短假。布莱德雷利用这个假期回到了莫伯利与家人团聚,之后便携带妻子和女儿一起奔赴夏威夷。这是布莱德雷第一次来到夏威夷,夏威夷美丽的风光使布莱德雷赞叹不已。

来到夏威夷之后,布莱德雷先是陪同妻子在夏威夷游览了一番,随后便去驻地报到。布莱德雷被分到第 19 步兵团,但是没在这里呆多久,他便被调到了第 27 步兵团担任成为营长。第 27 步兵团有将近 60 名军官,大部分是从西点军校毕业的而且还参加过一战,因此,他们当中的很多人都不喜欢进行劳苦的训练。

在这样一个风气良好的部队里,布莱德雷感到很愉快,他不仅能够从其他军官那里学习到战术知识,还能够将自己从军校里学到的理论知识运用到战术实践上。他们这些青年军官经常在一起讨论战术思想和理论。这样的部队氛围正是布莱德雷向往已久的。在这里的服役经历可以说成为布莱德雷到当时服役时间里,唯一没有感到枯燥无趣的一次了。

在夏威夷服役期间,虽然训练安排很多,工作很是忙碌,但是,经过布莱德雷精心的计划,他还是会有很多空闲的时间来陪伴着妻子和女儿。美丽的夏威夷群岛给布莱德雷一家人带来了舒适感,他们经常去海边游泳,

二战浪漫曲

再就是到海边欣赏一下音乐。莫阿纳饭店的各种舞表演同样对他们充满了吸引力。在夏威夷的日子是充实、快乐、清闲的。

1927 年，布莱德雷接到调令，换了新地方，担任一个负责联络的官职位。

在上任不久后，布莱德雷才发现，他要处理的都是一些自己根本不感兴趣的东西，并没有其他军事方面的事务可以做。这和自己的喜好相差很多，因此，他很快就感到了无聊。布莱德雷认为这是一个没有前途的职业，心里越来越反感。布莱德雷提出申请，要求回国任职。

布莱德雷的申请在递交了将近半年之后，终于获得了批准。之后布莱德雷离开了夏威夷，前往一家军事学校进修。这所学校是一所专供美国高级军官学习和研究的军校，开设的课程大部分是以大规模作战的战术、参谋等内容为主。也正因为这样，大部分人认为，只要是从这所学校出来的人，将来肯定是将军。

在这所学校的学习过程非常艰苦。布莱德雷经过认真学习和刻苦训练，对战争的各种有了一定的能力，这也为他后来沙场点兵奠下了坚定的基础，他的各方面的才能也得到了进一步的升华。

布莱德雷经过了一年的学习，之后被调到另外一家军事学校担任教官。一年之后，布莱德雷得到了马歇尔的提拔，派遣他为兵器系的主管，从此，布莱德雷就成为了马歇尔对学校进行各种改变的巨大助力之一。

二战浪漫曲

布莱德雷是个很独立,又很孝顺的人,但是自从他进入西点军校到部队服役后,能陪伴母亲的日子实在是屈指可数。所以,他觉得回报母亲的太少,心里一直觉得亏欠自己的母亲。因此,无论他的工作有多么繁忙,他都想办法抽出时间给母亲写信,把能令一个母亲为儿子感到骄傲的事情讲给母亲听,而且无论他生活多么困难,他都会想办法节省下来一些钱,寄给他的母亲,希望他的母亲在生活上能过的好些。繁忙的工作,军人的职责,能让布莱德雷能做到的,也只有这些了。

短暂的休假很快就结束了,布莱德雷回到了本宁堡步兵学校。没过多久,他就正式担负起兵器系长官的职务。布莱德雷很感激马歇尔的提拔,他心里清楚,这是马歇尔对他寄予的厚望,因此,他不断地提醒自己要干好。对于这些有能力的人,马歇尔在提供给他们展现才能的机会后,从来不干涉他们的行为,从这点上看,马歇尔确实用人得当,有着超强的领导才干。

新学年开始的第一天,刚刚上任的布莱德雷取消了以往的惯例,决定采取新的方式教育训练这批学员。于是,他提出一个特殊的见解,用野外综合表演来证明一切。具体的办法就是,兵器系的士兵要举行一次野外表演。布莱德雷的计划很快递交到了马歇尔的手里,马歇尔看后十分高兴,这也是他一直想看到的新局面,所以对布莱德雷的做表示支持,并为他们准备好了所有物资和器械。

布莱德雷决心在野外综合表演中充分展现自己的才华,这也将成为他上任之后燃起的第一把新政之火。在野外综合表演准备期间，布莱德雷做了精心的计划安排，从各个项目的表演时间、场地到参观人员如何进入现场进行观看，他都一一做了精心的策划。不仅如此，他还在每个方面展示前，自己亲身教授武器使用的规范，然后找一些专业的人员去演练真枪射击。

野战综合演练那天，马歇尔和几十位教官围坐在四周，一起观看了这场由布莱德雷指挥的十几个项目的表演。在表演地点里，兵器系的几十名士兵和其他十几名教官一起飞快的演练着。只见他们动作熟练地上档、瞄准，顿时，靶场内枪声四起、硝烟弥漫。之后，在布莱德雷的带领下，参演人员又经行了多种项目的枪炮射击等。野外训练表演的项目很多，但是，布莱德雷他们这些人将全部项目表演完只用了两个半小时，赢得了参观者的喝彩声。

马歇尔走到布莱德雷面前，亲切地握着他的手说："布莱德雷，这是我见过的最棒的一次演练了，我希望你们兵器系以后能够每年举办一次。"

这次野外综合演练给全校师生留下了深刻的影响，也让布莱德雷名声大振。布莱德雷在这次野外综合表演中所展现出来的优秀的领导才能和条理清晰的工作作风得到了马歇尔的高度赞赏。

布莱德雷给马歇尔造成了很大的震撼，是之后发生的一件事。在野外综合演练过后，布莱德雷又组织了一次飞靶射击活动，这时，一位名叫沃尔特·比德尔·史密斯的就读时间较久的学员进入了布莱德雷的视线。

史密斯拥有过人的才华以及超凡的技艺，这自然引起了布莱德雷的注意。布莱德雷认真观看他在移动靶子过程中的每一个动作，发现史密斯的头脑非常灵敏，而且善于分析问题，遇到突发事件的时候能够冷静地处理。布拉德利觉得史密斯是一名难得的人才，会是一位优秀的教官，于是，他向行政处提出将史密斯留教。使布莱德雷没有想到的是，他的想法竟然又与马歇尔的想法不谋而合了。

马歇尔在这所步兵学校的时候就已经发现了史密斯这个人才。那一天，史密斯正在班里做专题发言，而此时的马歇尔正好在走廊里查课，史密斯精彩的演说给马歇尔的心里刻下很深的痕迹，他对这个优秀的人才一见难忘。

在回办公室的路上，马歇尔一直在心里想，这么一位优秀的人如果能够留在本宁堡步兵学校任教，将培养出一大批人才。对于这样的一位人才，马歇尔原本以为不会有人发现，更不会有人会推荐他留校任教呢，但是，他没想到布莱德雷早就将报告打好交了上来。马歇尔回到办公室的时候，把布莱德雷叫来，他说："兵器系有一位学员很优秀，我敢打包票还没有人提出让他留教。"

布莱德雷几乎脱口而出："您说的是史密斯吧？"

马歇尔没有回答布莱德雷的话，而是把话题转移开来。等布莱德雷走后，马歇尔开始伏案工作。当他看到交上来的文件的时候，发现了布莱德雷的报告要求将史密斯留在这个学校担任教官。一丝微笑出现在马歇尔的脸上，他为有布莱德雷这样善于发现人才的部下而感到高兴。但是，马歇尔并没有意识到，其实他自己也是这样的一位伯乐，因为，他发现了布莱德雷这样的人才中的人才。

布莱德雷在这所军事学校期间，可谓是事业和家庭都是十分顺风顺水。他和妻子玛丽也越来越相亲相爱，女儿伊丽莎白也不知不觉已经 6 岁了，小家伙长得十分可爱、活泼，家庭和睦温馨。业余时间，布莱德雷经常带着妻子和女儿去参加社交活动。正当布莱德雷尽情的享受着这种生活的美好时，一个不幸的消息传来了。

1931 年 5 月的一天，早晨布莱德雷起床之后，觉得心里闷闷的，而且总是感到坐立不安。中午时分，布莱德雷接到了继父从家乡发来的信，信上说他的母亲身患中锋,而且情况比较危险。得知这个消息后,十分着急的布莱德雷立即向学校请假,匆匆忙忙地赶回莫伯利。

被病魔缠身的 56 岁的萨拉,见到自己的儿子后十分激动,感到无比欣慰。萨拉清楚地知道自己将不久于人世,可她不想让这个从小就吃尽苦头的儿子为她担心,因此,她并没有将要离开她恋恋不舍的人世的那种惧怕表现出来,而是十分镇定自若。布莱德雷看到被中风折磨着的母亲,心里十分难过,他曾与母亲一起经受的种种困苦,一幕幕涌上心头。母亲的一生并没有享受过什么,全部的时间和精力都用在哺育子女上。此时,布莱德雷只能尽心尽力地照顾母亲,希望在她的有生之年,能够给她带来些许安慰。

很快,布莱德雷的假期在他十分不情愿的情况下结束了,他不得不强忍悲痛离开病重的母亲,返回学校。在布莱德雷返回学校后的第 21 天,他的母亲去世了。由于当时的工作很忙,布莱德雷没能看到母亲最后一面,连葬礼也没能参加。布莱德雷在母亲去世后曾多次给继父写信,但是都没有得到继父的回信。后来得知继父从家乡搬走了,不知去向,布莱德雷一直没能与这个心地朴实的男人见过面。

二战浪漫曲

布莱德雷在那所步兵学校担任整整 4 年教官,便进入另一所军事学校钻研。这所学校就是陆军军事学院,它可是美国最好的陆军方面学校,离华盛顿很近。和其他军事院校大不相同的是,陆军军事学院是高级的研究生院和军事智囊机构。

布莱德雷带着妻子玛丽和女儿伊丽莎白,一起来到汉弗莱斯堡。由于陆军军事学院没有固定的学员宿舍,所以学员们都要自己租房居住。布莱德雷一家在华盛顿的一所公寓暂居,这样,他只能坐着电车去上下班。

因为没有战争,此时的陆军军事学院已经不再向陆军部提供作战计划了。学员们所拟定的作战计划,也只能是建立在想像、虚构的背景和理论上。但是,这也让学员们大开眼界。

在陆军军事学院的学习生活是很轻松的。闲暇的时候,布莱德雷便去国会大厦、华盛顿纪念碑、阿灵顿国家公墓参观,每一次参观都会深深地触动他的情怀。玛丽闲暇的时候,会和其他军官的夫人打打牌,聊聊天;伊丽莎白在国防大学附近的一所公立学校上学,伊丽莎白很聪明,甚至还跳过级,这使布莱德雷夫妇两人很是高兴。

在陆军军事学院学习期间,布莱德雷应有幸在白宫举行的宴会上见到罗斯福总统和他的夫人。这件事使布莱德雷兴奋了好几天。布莱德雷像一般不沾政治上的事情,但对罗斯福关于经济改革的措施是抱着支持的态度的。

德雷在陆军军事学院学习生活很快就结束了。1934年春天,他和玛丽不得不再次考虑新的去向。布莱德雷为此感到很苦恼,他的前半生不知道经历了多少次这样的抉择,这使他感到厌烦。

但这一次,布莱德雷并没有在这件事上费多少脑筋。因为布莱德雷在母校和他一起工作过的西蒙·巴克纳上校,此时担任的是学员团团长,他得知布莱德雷完成在陆军军事学院的深造时, 便给布莱德雷发去一份邀请,希望他能来西点军校担任战术系高级教官。对于这件事情,最高兴的不是布莱德雷,而是他的爱妻玛丽,因为她对那里的生活十分向往,知道这件事后,万分高兴,全力劝他去那里工作。

经考虑,布莱德雷决定再去母校任职,这让玛丽十分高兴,她收拾好行李,与丈夫、女儿一起来到了西点军校。

时光荏苒,一晃十来年过去了。当布莱德雷再一次迈入母校校门,他才发现,这里已经变了模样。威廉·康纳少将成为西点军校校长,学校的规模和建设都有了很大的发展,学术氛围也没有之前的保守,渐渐开放了。但是,专属于西点军校的烙印是不会完全消失的,校训仍然深深地刻在每一个学子的心里。西点军校的的课程依然是技术性比较强,只是相比以前,改变就是与社会的联系紧密了。

此时,担任陆军参谋长的麦克阿瑟的影响还是很大的,他规定:所有一年级的新生的夏令营活动和训练推迟一年进行,新生在一年级的夏天,用几个月的可以去对各种军事设备进行观摩,自己进行实弹设计训练。麦克阿瑟的这项规定是希望新生能及时地了解军事相关的信息, 可以增长见识,不要局限在一定的范围内。麦克阿瑟制定了新的规矩,凡是新生,都应该去防空兵器研究和发展中心、门罗堡的海岸炮进行参观,并且还要在陆军基地进行长达两周的军事航空技术训练。

布莱德雷来到西点军校以后,进行战术方面的教学。进入战斗系之后,他此行要做的就是要尽力从各方面培养军人们的精神风貌,把学子们锻炼成能够适应战场,出色指挥战斗的指挥员。当学业完成时,每一位学员都能够掌握战术的原则与理论,能够把握作战的主动权,集合士兵们的总体实力,战胜对方。

战术系所要教授的课程就是一些不同种类的课程,这些课程是基础课程,但上课的场地不仅仅局限于课堂。而布莱德雷主讲几种枪炮的有关知识,为了让学员们更加深入地了解这些武器的性能以及掌握它们的使用办法,布莱德雷充分运用自己的丰富经验和娴熟技能为学生一一作了详解;为了使学员们能够更好的将武器和各种地形有机的结合在一起,布莱德雷还制作了很多沙盘,利用这些沙盘进行教学,收到了良好的效果。

来这不久,布莱德雷晋升中校。两年后,他从事陆军参谋方面的工作。再过 3 年,他被任命为一个军校的校长。

一天,天气阴沉而闷热,布莱德雷的耳朵感到不适,于是便到医院做检查,医生诊断为乳突炎,需要马上手术治疗。布莱德雷听后非常焦急,"我现在病了,马歇尔怎么会选择我去做校长呢。"于是,布莱德雷决定暂时不做手术,用药来控制病情的恶化。但不巧的是,布莱德雷在治疗过程中产生了过敏反应,整个脸都肿了起来,无奈之下,他只能住进了医院。

病痛的折磨对于布莱德雷来说是可以忍受的,但是因此而耽误了他的前途,这是他无法接受的。所以,在医院苦苦的熬了将近半个月之后,布莱德雷就再也忍耐不住了,决定出院。尽管家人和医生对此都持反对意见,但是,布莱德雷还是出院了。

出院以后,布莱德雷又回到了陆军参谋部工作。几天以后,他收到了他的任命书终于下来了,让他去担任那家军事学校校长和统战员的。接到任命后的布莱德雷,立刻交接了工作,带着妻子赶往本宁堡步兵学校。这时,他的女儿已经前往瓦萨上大学了,因此,没有跟随他们一起去。

在路上颠簸了几天后,布莱德雷和妻子终于到了本宁堡。就在布莱德雷夫妇两人到达本宁堡的当天,布莱德雷又收到了好消息,他被任命为临时准将,经历过颠簸之苦的二人一点也不觉得累了,这个好消息让布莱德雷和玛丽十分高兴。布莱德雷当了十几年的少校,在仅仅当了五年的中校之后,便跃升为临时准将,这样看来,布莱德雷很有可能成为他们那届毕业生第一个实现做将军梦想的人。

在布莱德雷之前,担任这家军事学院校长的是霍奇斯,他在一战中的职务是个营长。在和德军对峙了接近 2 天之后,霍奇斯带领手下成为进攻默兹河的先锋部队。在一战结束后,霍奇斯获得了多枚胸章,还有各种材质的勋章。

对于这位曾经在战争中立下了功劳的老校长,布莱德雷十分尊敬。因此,在接替霍奇斯的职位时,布莱德雷表现得十分谦虚。霍奇斯面对自己很熟悉的老伙伴、陆军军事学院的校友也是十分客气,他为布莱德雷授衔,并为给他筹备了一个盛大的就职典礼,布莱德雷正式就任该军事学校校长。随后,霍奇斯便前往美国首都就任步兵司令。为了响应当时国家要求扩大基层指挥员的人数等政策,布莱德雷亲自着手打造了一支坦克部队等,为了增强步兵军队的机动战斗水平,布莱德雷还创办了预备军官学校。

不久,布莱德雷晋升为少将,同时被任命为 82 师师长。为了让士兵们知道第 82 步兵师的战斗史,激励士兵们的斗志,布莱德雷请来了著名的约克中士为士兵们发表演说。为了让士兵们有更好的体魄,让士兵们更加健壮,布莱德雷制定了并践行了的执行力强大的锻炼身体计划。在布莱德雷任师长期间,他将第 28 步兵师锻造为一个钢铁般强悍的部队。此后,布莱德雷被调往国民警卫师,在此担任师长。

女儿的出嫁

在第二次世界大战期间,布莱德雷在反法西斯战场上纵横驰骋,功勋卓著,但是女儿伊丽莎白的婚礼,他却没能亲自参加。

关键的时刻来了,盟军扭转二战西线战局的诺曼底登陆战役开始了。此时已经是集团军群司令的布莱德雷到海滩视察部队,并且做了新的部署。布莱德雷在视察中察觉到,虽然登陆部队站稳了脚跟,但是战斗需要的设备缺乏严重,海滩可以利用的空间不够大,难以施展。

在发动进攻的第二天,由于通讯联系上出了问题,一向在作战中密切合作的欧洲盟军最高统帅艾森豪威尔和布莱德雷之间出现了小小的不快。这天上午,艾森豪威尔前来视察,当他听完了布莱德雷的汇报之后,大发雷霆,他指责布莱德雷没有及时地报告战况,以至于他对很多战况一无所知。布莱德雷听完后不禁怒火中烧,表示他每隔一个小时便会给艾森豪威尔发出电报,但是每次都压在英军蒙哥马利将军的密码室加密,至少晚 12 个小时才能送到艾森豪威尔的手中。布莱德雷说:"这种做法是毫无意义的,是一种对作战指挥的严重干扰。"艾森豪威尔听了布莱德雷的话之后,也渐渐地消了怒气。

之后,布莱德雷又对岸边的军队进行了视察。也是在这个时候,他才知道伊丽莎白结婚的消息。消息是从电台播音员那里知道的,他的女儿伊丽莎白和一位名叫哈尔的年轻军官在西点军校小教堂里举行了婚礼。在婚礼上,自己的老相识哈里斯上校代替布莱德雷将伊丽莎白交给了西尔。女婿哈尔今年 20 岁，刚刚从西点军校毕业，年轻气盛的他参加了飞行训练大队，驾驶最新式重型轰炸机。

终于，纳粹德国投降，欧洲终于结束了这场流血的战争。过了几天，布莱德雷接收总统人民，成为管理退伍军人工作的领导人物。

同年 6 月，布莱德雷从巴黎飞回祖国。为了迎接分别了将近两年的丈夫，妻子玛丽特地从华盛顿赶到纽约机场迎接布莱德雷。布莱德雷紧紧拥抱着阔别已久的妻子，眼里噙着思念的泪花。

在前往饭店的路上，布莱德雷夫妇有千言万语要说，战争、健康都是彼此最关心的话题，当然也涵盖那个当时绝密个性质的新职务。尽管两个人都打心眼里对新任命感到不高兴，但是也只能听天由命了。布莱德雷和玛丽刚刚在饭店休息了一个小时左右，就有人受命前来接布莱德雷立刻回到母校西点参加 30 周年宴会，布莱德雷冲妻子无奈地耸耸肩膀，因为以后类似的应酬还有很多。果不其然，在接下来的几天里，布莱德雷四处奔波参加一些，还拜访了杜鲁门和马歇尔。几天下来，布莱德雷身体像散了架一样，他开玩笑地对妻子说参加活动比在战场上指挥作战还要累上百倍千倍，尽管如此，布莱德雷丝毫没有心理压力，浑身都洋溢着喜悦。

频繁的庆祝集会和拜访活动让布莱德雷累的连喘口气的时间都没有，但他依然乐此不疲地赶场。不久，布莱德雷带着家眷前往密苏里州参加该地的一个典礼，并把自己的家乡作为最先到达的地点。走在 12 年前走过的土路上，环视着已经阔别 12 年的故乡，布莱德雷百感交集，不禁想起艰涩的童年，虽然经历了种种艰辛，可是如今回想起来却也感到分外甜蜜。为了欢迎衣锦还乡的布莱德雷将军，全城的男女老少倾巢出动，简直可以用万人空巷来形容。潮水般的人群涌到机场，欢迎将军凯旋，一起庆祝"布莱德雷将军日"。

为了让布莱德雷的家人一起分享这份喜悦,马歇尔特地将布莱德雷的女儿女婿从外地召回莫伯利。久别重逢的父女热情地拥抱在一起,用心感受着彼此的关心和祝福。布莱德雷细细端详着心爱的女儿,发现尽管劳累的生活让女儿的脸蛋清瘦了许多,却更显出了结婚后的成熟魅力,整个人也更加楚楚动人,浑身洋溢着幸福的感觉。看到女儿幸福的样子,布莱德雷心中很满意,他又转头去看女婿,不由自主地就在心里亮了个满分。虽然这个女婿并没有成为岳父为之奋斗多年的步兵行列,但是女婿浑身上的军人该有的特质却让布莱德雷觉得非常骄傲。

其实,对于女儿伊丽莎白,布莱德雷带有一些愧疚之情,也许说是遗憾之情更多些,女儿的婚礼他没能到场,没能亲眼看到漂亮的女儿穿上婚纱的那一瞬间,让他感觉像是欠了女儿什么似的。当爱到极致的时候,会把一切归咎到自己身上。几个月后,当布莱德雷收到女儿寄来的结婚照片时,他激动地哭了,他是在和女儿一同分享这份喜悦和幸福!

布莱德雷不仅仅是个好丈夫,同时也是个好父亲,也许他不像其他的丈夫、父亲那样天天陪着家人,但他的想念之情比谁都强烈,他能做的,仅仅能做的是思念与祝福。也许这就是一个军人的神圣之处。

一个军人的肩膀就是铁人的肩膀,能承载千斤重担,一点没错,在布莱德雷的肩上扛着太多太多的东西了。在感情的付出上,布莱德雷是个优秀的丈夫,是个优秀的父亲。

晋升五星上将

对于很多人来说，古稀之年的来临会使他们感到生命步入晚秋，鬓边的白发会使他们看起来更加老态龙钟，然而即使如此，布莱德雷依旧像个小伙子一样精力充沛、他的思维灵敏，像是还活在十八岁。

1949 年 8 月，莱德雷担任了参谋长联席会议主席。1950 年 9 月，杜鲁门向国会提交了议案，提议任命布莱德雷为陆军五星上将，很快，参议院和众议院批准了该项议案。杜鲁门在议案上庄重地签下了自己的名字，并把签字笔送给了玛丽作为纪念。继马歇尔成为国防部部长之后，布莱德雷终于跻身陆军五星上将的行列之中。杜鲁门亲自把第五颗星星钉在布莱德雷的肩章上，布莱德雷成为了美国历史上没有后来者的五星上将，迎来了他军事生涯的巅峰。

回首前些年，布莱德雷被派到了突尼斯协助巴顿的工作，也正是在这段时间，他亲身体验了人生的第一次战场搏斗。为了取得胜利，布莱德雷将步兵和坦克相关人员放在一起并肩战斗，成功地结束这次战斗，打赢了突尼斯这场战斗。在突尼斯战役中，布莱德雷的指挥能力淋漓尽致地展现出来，战场上冉冉升起的新星开始闪亮，同时，也抓住了艾森豪威尔的眼球。在西西里岛战役发生时，布莱德雷细心地绕开美英在策略上的分歧，抓住敌军士气低落这一点，从心理上找寻突破口，一举让守军土崩瓦解。西西里岛登陆作战让布莱德雷的才能进一步展示出来，让艾森豪威尔对他更加器重，为他日后飞黄腾达作了很好的铺垫。这些成就，和布莱德雷的诸多努力不可分割。同时还有一个人一直在默默支持他,那就是他的妻子玛丽,无论是在布莱德雷失落还是得意之时,玛丽给予丈夫更多的是鼓励和安慰。

如果说二战的欧洲战场上,巴顿是威武的冲锋陷阵的猛士,艾森豪威尔是运筹帷幄的指挥者,那么,布莱德雷就是一个智多星。在美国军队的众多将军中,布莱德雷即便不是引人注目的一个,但他不与任何人相同。他在美军中有"大兵将军"的美称,不仅仅是因为他对下属关爱有加,更是因为他的个人魅力。布莱德雷于是头脑清醒,睿智稳重,善于把握整体形势,是一位难得的儒将。他的做事风格,整整影响了一代人,他在反法西斯战场上屡建奇功。布莱德雷声名远播和身处高位,是和他奋斗在同一时期的众多军队高层人物难以比拟的,也是难以超越的。

双重的打击

正常来说,一个退休的人应该颐养天年。可布莱德雷虽然退休了,却也闲不住,每天都忙得像个陀螺一样转不停,除了应付各种活动外,布莱德雷还尝试着做些生意。还别说,经过努力,布莱德雷真的在布洛瓦钟表公司谋得一个职位,这个名头是研究与发展实践室主任。家人看劝阻不了,只好听之任之,布莱德雷把一腔热血倾洒在这个工作上,一干就是好几年。

退休有好也有坏。之前的几十年里,布莱德雷和妻子随部队或新职四处奔走,有点四海为家的意思。现在布莱德雷不用忙于军务了,总得有个固定的居所了,可是应该把家安在哪儿呢?布莱德雷和玛丽两人犯了难,各抒己见、争执不下,一个想定居佛罗里达,另一个却想去南加州,最后两人终于达成一致,在南加州贝弗利山南洛地路租了一幢房子。

幸福的日子还没开始,灾难却先一步到来了。人生最大的不幸莫过于白发人送黑发人,布莱德雷夫妇不得不接受这一残酷的现实——他们年仅28 岁的女婿哈尔在飞行事故中遇难身亡。这对布莱德雷家中的任何一个人来说都是万分悲痛的消息,尤其是女儿伊丽莎白。

时光如梭,3 年多时光转眼逝去,1957 年的春天悄无声息地来临,仿佛一夜之间,山青了,水绿了,花儿也展开了娇媚的容颜,伊丽莎白也开始了新的生活——一个名叫本杰明·多塞的律师向她求婚。为了离女儿和外孙能够近一些,在伊丽莎白带着孩子搬到华盛顿不久,布莱德雷夫妇也从洛杉矶搬到了华盛顿,并把家安在华盛顿的一处峡谷中。这里一年四季风景如画:春天,烟雨蒙蒙,叶尖上挂着晶莹的雨露,愈发显得青翠欲滴;夏天,清风阵阵,悠悠曲径掩藏在绿阴下,犹如羞涩的少女;秋天,薄雾绵绵,山峦树木时隐时现,宛如罩着洁白面纱的神秘女子;冬天,白雪皑皑,树枝上被洁白的雪花包裹着,折射着温暖的阳光。

接下来的几年里,布莱德雷和家人幸福安稳地生活,虽然后来布莱德雷出任布洛瓦钟表公司董事长一职,工作越来越忙,当时这并不妨碍他参加一系列的"退休者"的社会活动。布莱德雷带着妻子,与一群老人到处游山玩水,过着神仙般的生活。俗话说得好,"人老心不老",这群老人经常组织一些赛马之类的活动,还到全国各地旅行、发表演讲,日子过得不亦乐乎。

岁月催人老。1965 年秋天,凄冷的秋风扫得大地一片萧索,玛丽的身体状况也越来越差,不仅饱受溃疡的折磨,而且后背经常酸疼。不服老的玛丽硬挺着,任凭布莱德雷怎么劝说也不愿意住进医院,只是在家遵照医嘱按时服药。两个月后,73 岁的玛丽终于抵挡不住病魔的侵袭,住进沃尔特·里德医院接受治疗,4 天后死于病毒性白血病。

玛丽作为布莱德雷妻子,一直都是很幸福的,她不仅有个优秀的丈夫,而且还深爱着自己。直到放手人间而去的那一时刻,她的脸上也是带着幸福的微笑。

相濡以沫的人走了,布莱德雷的心一下子空了,女儿发现 72 岁的布莱德雷似乎一夜之间就垮了,被岁月用刻刀镌刻得刚毅的脸庞也挂满了忧郁和悲伤。布莱德雷拒绝搬去与女儿同住的邀请,独自守着峡谷的住宅,只是因为这里拥有他和妻子最美的回忆。

玛丽走后的一段日子,女儿和朋友都为布莱德雷感到忧心忡忡,每天都有人前去与这位五星上将聊聊天。人生犹如一幕幕戏剧,上一幕还是让人涕泪横流的悲剧,下一幕则成了令人开心不已的喜剧——天公作美。在布莱德雷的晚年,他与好莱坞的女编剧基蒂相爱,让他的时光一洗往日的孤单和苦闷,崭新生活从此开始了。

43 岁的基蒂的生活经历比起布莱德雷要复杂得多,有过两段婚姻。在纽约长大的基蒂从小就向往好莱坞,在堪萨斯州的一所大学学习写作的相关知识,之后去了好莱坞从事写作。

其实他们二人早在 20 世纪 40 年代末就依旧相识了,那时候,基蒂作为一家杂志的写作人员,曾为布莱德雷做过专门访问。

转眼过了 10 年,基蒂回到好莱坞从事编剧工作,这次恰巧,她又负责布莱德雷生活逸事的专访权。曾经有过一面之缘的两个人因为这件事开始熟悉起来,多次安排时间在纽约的阿斯脱饭店碰面。

为了忘却失去玛丽的痛楚,布莱德雷更加忘我的工作,并因为布洛瓦钟表公司的事务回到了南加州。基蒂得到消息后喜上眉梢,生怕别人抢得这次机会,夏季的很多的时间她都用来对布莱德雷进行着采访,随着时间的累积,两个人渐渐擦出爱的火花。玛丽去世已经将近一年了,女儿不忍心看到父亲独居,也不愿意看着年迈的父亲在华盛顿和洛杉矶之间频繁奔波,于是想办法让基蒂和父亲早日圆上夫妻梦。

1966 年的秋天姗姗来迟,太阳依旧高悬,只是没了夏天的燥热。天很蓝,云很淡,到处都洋溢着水果的清香。在这个果实累累的季节,布莱德雷和基蒂也结出爱情之果,9 月 12 日下午,基蒂和布莱德雷举终于修成正果,他们在一个赛马场举行了非常盛大的婚礼。在一声声祝福中,布莱德雷和基蒂深情凝望着彼此。为了答谢各位朋友,布莱德雷夫妇还在晚上举办了一个结婚招待会,一直到第二天早晨才起身返回华盛顿。

因为基蒂的出现,布莱德雷的人生焕发了又一次春天,而基蒂也为丈夫做出了很大的牺牲,这足以看出她的细心和对丈夫的深情。为了方便布莱德雷能够经常锻炼膝盖以下受伤的腿,基蒂特意修建了一个日光浴室。这个日光浴室很有特点,四周密封起来,里面是一个注满温水的池子。布莱德雷有收集各类奖章和小饰物的嗜好,家里放了很多。为此,基蒂与一所军校沟通,设立了布莱德雷博物馆,里面陈列着这位五星上将的制服、奖章,他历年来所得到的功勋,还有他所搜集到的各种物品。

婚后的生活很幸福,布莱德雷经常在基蒂的陪伴下,到世界各地采访,两个人收获颇丰。

二人世界总是美好的,每天的生活也新鲜多变,1968 年,布莱德雷和基蒂拍卖了斯普林峡谷的房子。新的住宅位于一个山的山顶上,而且是专门为符合他的要求而修建出来的。从此,布莱德雷和基蒂的生活更加美满,每天都是满足与快乐。

有的婚姻是建立在名利的基础上,有的婚姻是巩固在权势的基石上,而布莱德雷的这场婚姻却是单纯的爱情结晶。与基蒂的结合,不仅为布莱德雷带来了美妙的生活,同时也为布莱德雷迎来了名和利。与布莱德雷的婚姻不仅没让好莱坞淡忘基蒂,反而因为五星上将这个远播的生名受到了更多的关注,甚至跻身好莱坞电影圈的许多明星都非常乐意与这对夫妇建

二战将帅的婚姻生活

立"邦交"，他们都为身边有这样一位了不起的英雄而骄傲。

另外，由于基蒂是一位理财高手，布莱德雷也因此得到了巨大的财富。原来，在二战时协助过马歇尔的弗兰克·麦卡锡，今天摇身一变成了好莱坞的制片人。麦卡锡特地请教布莱德雷对拍摄《巴顿将军》的相关问题。基蒂目光敏锐，动作迅速，立刻推荐布莱德雷写的《一个士兵的故事》，经过她多方的努力，这本备忘录成为了拍摄《巴顿将军》的背景材料，不仅如此，她和丈夫还成为了麦卡锡这部影片的高级顾问。

一部电影要想受欢迎，不仅要有知名导演和知名演员，也要有一个能够打动人心的故事，而这两个条件《巴顿将军》都具备了。由好莱坞影星乔治·斯科特主演的《巴顿将军》上映后反响强烈，票房一路看涨，取得了空前的成功，因为当时签订的合同中有这样一条规定：影片《巴顿将军》上映后所得的利润，基蒂和布莱德雷可以参与获得相应的报酬。所以，他们夫妇二人自然也因此得到了一笔丰厚的收入。

面对巨款，相信许多贪慕虚荣的人都会露出"庐山真面目"，然而基蒂却丝毫没有因为钱财丧失理智，她运用自己的经济头脑将这些收入进行妥善的投资，接连谈成了几笔成功的生意，两个人也算得上成为了百万富翁了。面对这些财产，布莱德雷反而轻松不起来，他并不想让他的子孙后代因为他，因为这些财产，失去拼搏进取的精神。最后布莱德雷在和基蒂商量后立下遗嘱，他们现有的财产在他们死后将所有用于以各项事业和在母校设立的图书馆，同时，布莱德雷夫妇还设立了一个奖学金，用以鼓励在数学和军事历史两个学科上取得良好成绩的年轻人。

岁月催人老，转眼间到了 1973 年，这时的布莱德雷已经进入耄耋之年了。酷夏当头的 7 月，布莱德雷辞去了布洛瓦钟表公司董事长一职，已经 80 岁的布莱德雷终于让自己从繁忙的工作当中解脱出来，过上了颐养天年的美好生活。每天的生活都让布莱德雷过得不亦乐乎,各种休闲活动,有时候也陪基蒂出席各种酒会、到世界各地旅游。总之,日子逍遥自在,仿佛神仙一般。

病魔总是在人不设防的时候赶来凑热闹。8月中旬的一天,睡梦中的布莱德雷突然因为剧烈的胸疼抽搐起来,惊醒的基蒂看着脸色苍白、大汗淋漓的丈夫,赶紧跑到电话旁打急救电话。经过医生的全力抢救,布莱德雷平安度过了这一劫,不仅生命保住了,而且也没有留下后遗症。这有很大一部分要归功于基蒂,正是因为基蒂在等待救护车的同时,对丈夫进行紧急抢救,才使布莱德雷心脏衰竭的程度得以延缓。

基蒂就如同布莱德雷的守护神,两年后再次挽救了布莱德雷的生命。1975年1月,已经82岁的布莱德雷由于腿脚不便,在下飞机的时候不小心摔了一下,虽然没有骨折,但是由于这次摔倒碰到了头部,布莱德雷身患脑血栓,他又一次与死神进行了正面交锋。站在死亡边缘的布莱德雷绝望了,不接受任何人的帮助。幸亏有了基蒂,她伏在布莱德雷耳边轻声而坚决地让丈夫绝不能输给死神。大概服从命令是军人的天职,这位五星上将"被迫"从绝望中走了出来。虽然抢救后布莱德雷瘫痪了,以后离不开轮椅了,但是布莱德雷还是活了下来。

失去了行动自由,布莱德雷再也不能随心所欲地干自己想干的事情、去想去的地方,必须依靠别人的帮助,这样的生活还有什么意义呢?此后,基蒂把更多的时间都放在关心布莱德雷身上。风和日丽时,基蒂陪布莱德雷外出旅游;烈日炎炎时,基蒂将布莱德雷的众多好友到家中聚餐;另外,基蒂还让布莱德雷每天都坚持做理疗。就这样,在基蒂的帮助下,布莱德雷的生活逐渐充实快活起来。

在妻子的精心呵护和鼓励下,布莱德雷又重新拾起了已经中断了一段时间的自传写作,这就是最后传世的《一位将军的一生》。冬去春来,夏去秋至,4年的时间在无声无息间溜走了,转眼时间已经过得很快,,布莱德雷的自传《一位将军的一生》也快要完成了。

在医生进行了全面的身体检查后,布莱德雷被允许外出旅行,布莱德雷坐在轮椅上到世界各地旅游观光。1981年4月8日,布莱德雷在妻子和看护的陪同下一起到纽约旅行,社科院颁发给他一枚金质奖章,这也是他在有生之年最后一次接受奖章。这个仪式完成不久,布莱德雷突发脑血栓逝世。这位美国最后一位陆军五星上将燃尽了自己旅程的最后的一丝光芒,安详地闭上了双眼。

原来,生与死隔的并不是很远,死亡竟在眨眼间来临,基蒂和周围数百人眼睁睁地看着布莱德雷与世长辞,却无能为力。6天后,在基蒂的陪护下,他的遗体被运到了美国首都。在通往阿灵顿无名英雄墓地的道路两旁,无数群众自发地为这位陆军五星上将送行,许多人都泣不成声。

随着一捧捧泥土的落下,布莱德雷长眠于地上,一颗星轻轻划过天际陨落了。

有些东西可以将人的灵魂冲淡,但有些东西就像尘封的老酒,随着时间脚步向前推进,越来越香。

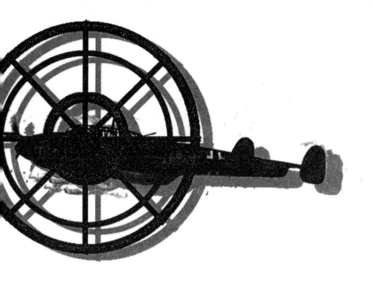

蒙哥马利

诗人是这样描述爱情的："在面前的不是所爱的人，身在天堂也会觉得是在地狱。"在蒙哥马利心中，妻子贝蒂就那个和他共同缔造天堂的爱人。

伯纳德·劳·蒙哥马利是英国陆军元帅，他出生于一个牧师家庭，生在平凡家庭中的蒙哥马利凭着不服输的性格，在军队里创造了无上的荣誉。

蒙哥马利曾以为母亲是他生活的全部，他全身心地孝敬母亲，做一个好儿子。直到 38 岁他还是单身一人，也没有谈过恋爱。那时的他几乎把军队当成自己的另一个家，他也一直认为自己就该和军队作伴，不会有爱情。但当他遇到贝蒂时，他整个人都被贝蒂吸引了。

蒙哥马利与贝蒂的结合是他最幸福的时刻，但幸福对蒙哥马利却是那么吝啬，仅仅维持了 10 年的婚姻因贝蒂的死去而宣告结束。从此以后，蒙哥马利不再有爱，他说他把爱都用在了贝蒂身上，他已经无法再爱上别人了。于是，蒙哥马利回到了他的另一个家——军队。他又全身心地投入到军营生活，直到 1958 年，蒙哥马利不在从事军事方面的工作了，结束了他 52 年的军队生活。伺候的几年，他没有淡出政坛，仍然会对国家的政治问题进行各种干预。

一百多年来，英军再也找不出他那样才华横溢、功劳卓著的军人。时至今日，他依然是英国人心中的骄傲，而他对爱情的忠贞不渝也是人们谈论的佳话。

并不光彩的童年

童年对于每一个人来说，可能是最纯真的时期。童言无忌就是这段时间最好的解释。在童年时代，每一个孩子都会按照自己的想法去做。童年的蒙哥马利是个乖戾的小孩，总是不能顺从父母的心愿。但就是这样一个在父母心中最不争气的蒙哥马利，却在几十年后成为英国的陆军元帅。

1887 年 11 月 17 日，伯纳德·劳·蒙哥马利出生在伦敦一个教区一幢不起眼的牧师寓所里。

他的父亲亨利是一位受人尊敬的牧师，一个信仰忠贞的基督徒，他对基督的热爱已到了如痴如狂的地步。

不久，在蒙哥马利还在牙牙学语时，一名大主教邀请亨利担任一个地方的主教。亨利接受了这个职位，他一方面是出于对神的崇敬，另一方面也是因为这个担任职位可以有很多钱赚，毕竟这个他的家中欠了很多钱。亨利全家于这一年秋季出发，来到了遥远的异乡。

亨利一家在这里整整生活了 12 年，异地带给蒙哥马利的是艰苦辛酸的生活，在这里所忍受的痛苦煎熬，令蒙哥马利终身难忘。

刚到这里不久，亨利夫妇的大女儿不幸患病夭折，他们先后生下 4 个儿女，但其中一个也不幸死了。蒙哥马利的母亲请了家庭教师，让孩子在家中接受教育。

在塔斯马尼亚，亨利由于出色的工作，深受人们的爱戴和信任，无论男女老少都尊重他。

1901 年,伦敦一个部长的位置出现了空缺,几个主要地区的主教联名致电亨利,问他是否愿意担任这个部长职务。

起初,亨利并不想接受这个职位,但是经过一番认真的考虑,他考虑后还是结下了这个空缺。

11 月份,亨利一家离开家乡,经过长途跋涉,又回到了伦敦。刚接任部长并没有什么美好的发展前途,亨利在任上也并没有显示什么国人的能力。

亨利一家回一回家,蒙哥马利兄弟俩个就进入圣保罗学校。这个学校离家很近,是一个规模很大的学校,周围的环境非常之好。

刚开学,母亲为他们兄弟俩打扮一番,他们俩很开心去上学,可没想到却惹了祸。他们不知道,只有经验最丰富的人才可以戴着他们头上那样的帽子。还好学校有一个善良的人,劝说他们还是根据规矩来比较好,这才逃过了一次不必要的麻烦。

这所学校的学制是 5 年,推行强行教育,这让蒙哥马利十分难受。但是在很短的时间内他就举得这里比家里好玩,因为这里可以摆脱母亲的束缚。

前半年的学习生活,唐纳德获取了剑桥大学的学校奖励,着让父母感到十分欣,这也大大减轻了他们对其学费的负担。

而蒙哥马利却没有任何的长进,他也参加了这场有奖励的考试,但却无缘于高额奖学金。其实从走入这所学校的第一天开始,他就自己做了决定,选择陆军班就读。这和亨利夫妇的想法并不一致,亨利想让儿子和自己一样成为一名牧师,因此听到他选择了陆军班想成为一个军人时,只能无奈放弃梦想。

"能否告诉我,蒙哥马利,为什么选择陆军?"

"……"蒙哥马利没有回答。

"真的这样决定了,而且不准备更改吗?"

二战浪漫曲

"没错，就这么定了。"蒙哥马利对着父亲非常认真地说。

"那好吧，是你自己的主意，这很好，这个抉择或许是对的，也或许是错的，但终归是你的选择，既然主授予你自由的旨意，他会赐福给你的，我的孩子。"

蒙哥马利没有说出自己要当兵的真正理由，也许那时候的他也不知道自己是怎么想的。

亨利十分了解这个儿子的个性，开明地接受了他的选择，认为就这样随他发展吧，也许他会在这方面有所成就。以后的事实证明了，亨利的这个决定是正确的，他的儿子确实在这个领域实现了自我，就这样，在这次与父母的争执中，蒙哥马利第一次取得了胜利。

蒙哥马利当时只有 14 岁，实际上以他的能力应付老师和学校的学业是完全不成问题的。他可以每天轻松的在学校里游荡，只要考试的时候务努力，就可以很容易的过关。但是他对学习却一点也不上心，把精力都放在了体育运动上。

在学校学习期间，蒙哥马利对体育项目很是痴迷。在到学校不久，他就加入了游泳队。这是因为在澳大利亚塔斯马尼亚的十多年，他练就了高超的游泳本领。此时的蒙哥马利虽然身材很瘦小，个头也不高，但是体格健壮，浑身充满了活力，而且他有一种与生俱来的领导力，很快成为了所在运动队的骨干。

虽然在家里他沉默寡言，但是在学校的他却十分活跃。球场上，他在各种比赛中都表现勇敢，充满野性，同学给他起了一个外号——"猴子"。他自己也并不讨厌这个称呼，认为是同学们给予他的肯定。

在学校的运动场上，蒙哥马利体会到了当领导的骄傲，浅显地知道了权威的意义。他暗自下定决心，以后要当一个有权力的人，绝不会是在家里随意受到母亲打骂的人。他要计划自己的人生,不让任何的机会在自己的身边溜走。

尽管在运动场上他受到了同学和老师们的肯定,使他成为了学校的知名人物,但在学习上他却没有任何的起色,这着实让他的父母感到失望。

二年级时,蒙哥马利在学习上刚有一点起色,却不料因为一场大病,使成绩变得更差了,父母对他的期望也在一点点地破灭了。后来,他进修陆军课程时,众人对他的评论就是很平庸。虽然他时不时的也能写出几篇像样的文章,但没有任何人相信,这个学生以后会有所成就,因为他的成绩实在是不敢令人恭维。

但对于学习成绩差一事,后来蒙哥马利坚持认为,自己的英语表达至少是清楚的。他说:"就算一些人再反对我的话,但是他们至少能懂一些。就算很多人误解我,我已经将我的意思说的很清楚了。"

蒙哥马利不但学习成绩很差,行为方式也极其古怪。有一次,母亲到学校看望蒙哥马利,他的一个老师亲自带着他了解儿子在学校的状况。谈到他在学校里的发生的各种事情, 这个老师的神情带着轻蔑和嘲讽:"其实,你的儿子是一个很懂事的孩子,他懂得什么事情比较主要,什么事情比较次要,他能做到的就是尽力不让其他同学的父母很放心。"

蒙哥马利的母亲听出了话外的意思,这下蒙哥马利放学后免不了一顿打了,但蒙哥马利就像失踪了一样,原来他知道这件事的时间已经不短了,这是出去躲避灾难了。

时光飞逝,蒙哥马利即将毕业了,还不是很成熟的他又要面对新的选择,如果想成为一名陆军军官,他就必须进桑德赫斯特英国皇家军事学院,但是这所学院不是想进就可以进的,要经过严格的考试,实际上,考试题并不是很难,只是一些基础知识,但尽管是这些,在运动场上也是学不到的。

这个时候的蒙哥马利已经快 19 岁了，然而校方对他下的结论就是以现在的能力来讲，他并不适合去桑德赫斯特皇家军事学院，因此只能再等一等。

可想而知，当这份评语送到他父母手中的时候，必然会引起不小的波动，除了给他的父母带来了不小的冲击外，也给蒙哥马利脆弱的心灵一不小的打击。

他真正地意识到，如果继续下去，他是进不了军校的，这是自己人生的一个关键的转折点，必须努力才行。从这以后他开始奋力追赶，尽管如此，他的成绩也并没有太大的起色，期中考试的成绩依然很差。

即便如此，过了不久，他以让加入桑德赫斯特皇家军事学院录取考试的行列之中，最终顺利通过，成绩还算可以。

年底，蒙哥马利打点好行装，准备开始军校的征程。离开这里，他的心里也有惋惜。在这里呆了 5 年，毕竟有了感情。他在《回忆录》中这样回忆道："在学校里，我得到了很多家里不能得到的东西，比如如何处理一些社会性的事物。"

虽然有着不舍，但是他知道，要想实现目标和心中的力量，他必须要丢掉那些不必要的留恋情绪，勇敢地向着自己的目的地进发。美好的将来在等待着他，一段新的人生旅程已经开启。

二战浪漫曲

能够如愿的考上军校,这让蒙哥马利感到轻松了很多,毕竟这里离自己的梦想并不太遥远。他的父母在感到惊讶的同时也很欣慰,因此,他们的心情久久不能平静。

桑德赫斯特皇家军事学院需要读一年半,每年招收学员两次。它是一所非常有名的院校,在 1947 年至 1978 年之间,这个学校培养出的军事经营无数。

桑德赫斯特皇家军事学院的入学考试题非常基础,但是也需要很努力的学习才能通过,蒙哥马利虽然学习不好,但是幸运的是第一次就考上了。

其实在当时的英国,陆军的开销很大,一个士兵,每年至少也要 100 多英镑才能维持在这里的学习生活,绝大多数平常人家挣得的钱根本就无法维持一个人的开销。但是这样的现状,蒙哥马利当时并不知道。

桑德赫斯特皇家军事学院的学员,多半是上流社会的子弟,出手阔绰,只有一小部分出身教师、律师、医生、牧师等平民家庭。来自上流社会的学员入校后,依据家庭财产实力,各成一组,在一起玩赛马,吃喝玩乐。日后成为英国首相的丘吉尔就是这些贵族子弟之一。

"当时,租马用尽了我身上的所有钱。"丘吉尔在《我的早年生活》中回忆道:"我和一个有权势的人是好友,我们常常在他的庄园举行赛马比赛,当时很开心。"

在桑德赫斯特军校学习期间,蒙哥马利会收到母亲给的钱作为学费,每周都有零花钱。但这点钱在学校的同龄人中实在是太少了。蒙哥马利后来回忆说："在军校的时候我真是穷的可怜，没有办法，我没有足够的钱去应酬，只有将多余的精力用在学习和体育运动上了。"

因为蒙哥马利的努力，很快他被提升为一等兵。这对于一个刚刚入伍的新兵来说是一种很大的荣誉，他们都被公认为优秀分子，是其他人学习的楷模。随后不久，他又晋级为掌旗士兵，这已经是学生的能达到的职位上的极限了。

蒙哥马利在军校的发展可谓是一帆风顺。1908 年 11 月，有人透露说，皇家沃里克郡团的少尉正好无人担任，他有不小的几率填补这个空白，他的心里十分开心。之后，他更加努力奋进，但也成为让人很抗拒的人，有一种谁也不如我的状态。

在离校前不久，蒙哥马利想要进入驻印度的英国部队。后来的意见让他的想法落空，在选派去印度军队的名单里没有他的名字。因为有 8 名印度军官的儿子是指定要被派往印度的，他们不需要成绩，这是他们的权力，蒙哥马利无奈地落选了。

蒙哥马利对此既失望又愤恨，绝望中他又想起了皇家沃里克郡团，该团第 1 营也在印度，上帝让人失去一次机会的时候，总会给他另外一个机会。试试也许还有机会，何不碰碰运气？于是，他抱着试试看的态度报了名，结果被录取了。在他 21 岁那年，加入皇家沃里克郡团第 1 营。

不久，蒙哥马利请假申请得到准许，他边漂洋过海回到英国，好好地呆了半年。从桑德赫斯特皇家军事学院毕业后，他一直忙于军队的事情，已有 3 年未与家人见面，家在他心中的印象已经很模糊了。随着对军队业务的熟悉，他的空闲时间已经多了许多，让他有时间想念他的父母和兄弟姐妹。不知家中有无大的变化，虽然童年的回忆并不美好，但他还是很想念家人。

印度的秋季无疑是充满美的,海绵被海风吹起阵阵波纹,这让蒙哥马利回想起自己以前度过的青涩岁月。

船离开港不久,因为海风很大,船颠簸不已,他的思绪也被打断了。在那个没有丝毫乐趣的旅途中,他归心似箭,头一次有如此强烈的回到家里的渴望。

回到家中,被告知一个弟弟因患脑膜炎病去世了。父亲因为丧子之痛,苍老了许多。母亲却专横依旧,但岁月的流逝把她锋利的性格磨平了不少。

这次回家,家里的规矩并没有因为他的回来而改变。母亲的变化不大,但蒙哥马利对母亲的感情却发生了变化,但这并不意味着母亲在蒙哥马利心中得以彻底的改观。没过几天,蒙哥马利就开始想部队了。6个月假期是如此的漫长,好不容易盼到结束了,蒙哥马利一刻也没多停留,立刻赶回孟买。

蒙哥马利重返孟买立刻获得了一个好消息,这时正好补给官回家休假,他的职务由蒙哥马利代理。这个职位是一个好差事,许多资深的军官都想得到它,大家对他的好运都羡慕不已。

在别人的怀疑和羡慕的眼光中,蒙哥马利上任了。很快,他就用实际行动证明了自己的价值,他得到这个职位理所应当,而且当之无愧。

收获爱情

好事成双用来形容蒙哥马利真是恰到好处。蒙哥马利接到坎伯利参谋学院的入学证书，让他尽快去，这是他做梦都想去的地方，为此他兴奋了好久。但是此时他还不知道，他一辈子的真爱就要出现在他的身边，他就要告别光棍这个称号了。

这一年春天，蒙哥马利前往法国去度每年初春的所谓"高尔夫假期"。可爱情就是猝不及防地降临到了他的身上。

蒙哥马利和一个叫麦克唐纳的营长去一个地方旅游。在那个地方，这个年少有为的军官，让所有人都没想到，居然喜欢上一个笑自己很多的英国姑娘。

那时，蒙哥马利已经 38 岁了，是众人眼里的光棍，他整天都陶醉在他的军事研究上，对女人从不感兴趣，他认识的女人也屈指可数。他不喜欢社交活动，不喜欢参加宴会，一心扑在军事事业上，从早到晚，日复一日，年复一年，甚至许多军官都开玩笑说军队就是他的妻子。而此时蒙哥马利仍然不觉得单身有什么不好，他觉得他所做的一切都是为了国家，甚至他要将自己的一生都豪爽的奉献给军队。

就是这次不起眼的旅行改变了他的生活，他遇到了他的至爱。贝蒂·安德森很漂亮，外形十分惹人注目，她的父亲是一个公务员。蒙哥马利对贝蒂·安德森深深地爱上了，他的爱情来得是那么的快，也如此充满非同一般的热情。

陷入爱恋的蒙哥马利和过去简直是判若两人,他对追求贝蒂充满了热情。这也意味着他将告别孤单的生活,他的心情也难以平静下来。

蒙哥马利除了母亲和妹妹,身边几乎没有女性的存在,所以当他与贝蒂·安德森约会的时候,他几乎把她当成了他的士兵。他所讲述的都是关于军队和战争的事情,似乎他把她当成了忠实的听众。的确,她从不打断他的豪言壮语。

贝蒂·安德森毕竟只是少女,对于步兵那一套一点好奇心都没有,而蒙哥马利早已对这位年纪很小容貌俊美的姑娘意乱情迷,他认定了她就是他以后的伴侣。下定决心后,很快他就以迅雷不及掩耳之势向贝蒂求婚,贝蒂想征求自己父母的同意。但是父母希望贝蒂自己决定。

虽然贝蒂·安德森的父母没有给予肯定,但是他们的态度仍然让蒙哥马利很是兴奋,在他的心里贝蒂·安德森早就是他的妻子,他相信贝蒂·安德森一定会很愿意嫁给他的,这些日子的相处他们一直都很融洽,贝蒂没有理由拒绝他。

但是贝蒂·安德森没有立刻做出答复,她认为结婚对于自己的人生很重要,应该慎重决定。几十天以后,在在一个公开的宴会上,贝蒂·安德森与蒙哥马利的弟弟无意中相识,顿时二人互相倾诉倾慕之情。以后,他们常常在一起约会,但是他们约会的时候都尽量避开蒙哥马利,以免他为此伤心。

但是纸怎能包得住火呢?自从贝蒂与布赖恩一见钟情后,对于蒙哥马利的约会她总是寻找各种理由拒绝,久而久之蒙哥马利也了解到了情况,伤心是避免不了的。第一次想获得一份感情就遭到了拒绝,这使得他很是懊恼。

很快,蒙哥马利结束了旅行回到部队,他没有更多的时间去经营他的感情,但是这次他似乎是认定了贝蒂·安德森。他不相信他所爱的人就这样离开了他,他要争取他的感情,于是没有死心的蒙哥马利实行了一个冲动的计划,他买了一张车票前往贝蒂家。

蒙哥马利不是个拈花惹草的人,他在事业上已经建立起坚固的基础,而且年龄也不小了。他自信的认为,贝蒂·安德森的父母见到如此优秀的他,他们一定会说服他们的女儿重新考虑她的决定。

在一切都安排妥当之后,蒙哥马利为他的爱情做了最后一次努力。然而,蒙哥马利的付出都付诸流水,到头来是一场美梦。贝蒂·安德森的已经铁了心,

中国有句谚语,"塞翁失马,焉知非福。"谁能说这次感情上的挫折对蒙哥马利就不是一件好事呢?错过了花季或许刚好可以收获甜美的果实。也许真有一种所谓"缘分"的东西,在冥冥之中已经安排好了谁和谁在一起。人总是不能改变自己的宿命的,蒙哥马利的伤心也许同样是命运的安排,他也许就该有此一劫。

这次的小波折之后不久,贝蒂·安德森父母给他介绍了自己的亲人,在这期间,他结识了一个叫贝蒂·卡弗的女人。

贝蒂·卡弗是个很不幸的人,她是两个孩子的母亲,她的丈夫是个军人,大战爆发时他在加里波里阵亡。贝蒂·卡弗为人性格开朗,很有人缘,非常受周围人的欢迎,她与蒙哥马利的年龄相同,擅长油画和水彩画,雕塑也很在行,是个小有名气的艺术家。

虽然贝蒂·霍巴特的长相很一般,但是她的性格出众,也很吸引人。起初蒙哥马利和贝蒂·卡弗只是朋友关系,但是在相处的过程中,他们很谈得来,有许多共同的兴趣爱好。

贝蒂·卡弗的气质让蒙哥马利为之震惊,当他第一次看到贝蒂·卡弗的时候,那种成熟而智慧的美让蒙哥马利惊魂,他顿时被其与众不同的风韵

所吸引。但是蒙哥马利在被贝蒂·安德森拒绝后，像是受到了打击，他对贝蒂·卡弗的爱意并没有很快的表白，可能是怕受到更大的打击。他要把之前的事情完全忘掉，然后再开始新的感情。在空闲的时间他会与贝蒂·卡弗约会，但只是朋友之间的约会。

在坎伯利参谋学院的战术演讲家之中，蒙哥马利可以说是坎伯利参谋学院和奎达参谋学院最出色的一位。他能成为一个受到欢迎的战术演讲家的原因是：他不但有作战的经验和常识，而且充满鼓舞人的雄心壮志。

但和其他人不同的是，他觉得，雄心是需要加以控制的，必须保持人性的平衡。蒙哥马利清楚地知道，自己不能和他们一样，他要抑制自己的野心，使雄心壮志能够帮助自己实现理想，而不是前进道路上的绊脚石。不久，蒙哥马利和爱德华·克劳爵士等人迁往瑞士进行一次旅游。当然，这次同行的还有贝蒂·卡弗和她的孩子。

这两个小男孩都很厌恶战争，因为他们知道，是讨厌的战争夺去了父亲的生命，他们也憎恨一切与军人相关的事情。这次度假，蒙哥马利和贝蒂·卡弗，每一天都朝夕相处，彼此之间的了解进一步加深了，蒙哥马利已经不能自拔的坠入了情网。

当霍巴特家族的人对两人的恋爱关系并不看好，因为在他们看来：蒙哥马利配不上贝蒂，就算他在军队中是个小有名气的人，但在外界却无从知晓。

霍巴特家族的人分析贝蒂·卡弗之所以愿意与蒙哥马利谈恋爱，也许是因为没有男人的日子实在是很寂寞，也可以说需要有另外一个来帮他分担照顾孩子的压力。然而，贝蒂·卡弗却认为蒙哥马利虽然是一位沉默寡言、貌不惊人的少校，但从他的身上却折射出了一种惊人的才华，这种才华已经深深地打动了自己。

即使她的亲朋好友都私底下向她表示蒙哥马利没有什么条件能匹配她，但贝蒂一点也不觉得，这些别人的意见一点也不能阻止他们在一起。女人特有的敏锐直觉暗示她，认定他没错。

某一天开始，他们俩时常见面，但是蒙哥马利总是沉默寡言，没有提及结婚的相关事宜，可能我们的这位将领在感情上就是如此的木讷。蒙哥马利的伤疤刚刚愈合，他本人非常害怕再一次让那道伤疤再次裂开，当他不能确定贝蒂·卡弗对他的爱时，他是决不会开口的。

他们的关系就这样没有头绪的进行着，两人一直没有表明态度。此后，蒙哥马利约贝蒂·卡弗和他一起去瑞士度假，贝蒂·卡弗欣然接受了。当贝蒂回到家里后，内心很长时间都处于混乱状态。她想也许这是他在创造表白的机会，也许他是想借这个旅行向她告白，那么，她就可以马上和蒙哥马利结婚了。

贝蒂·卡弗为自己的猜想而感到高兴，她便开始收拾出发的行装，迫不及待的做着旅行准备，她要让蒙哥马利在她的照料下度过一个愉快的假期。蒙哥马利在家里也是很期待这次与贝蒂的共同旅行，他相信即将开始的旅行一定是非常美妙的。

在做好准备之后，蒙哥马利和贝蒂·卡弗出发了。当他们看到被白雪装扮得晶莹剔透的世界时，不约而同地在厚厚的雪地上奔跑起来，留下的是脚下鞋与雪的摩擦发出的吱吱声，不时地伴着两人清爽的笑声。

此时的瑞士真的是美得让人眩晕，到处都是白色，纯净的白色，远处的一切都是白色的，白的似乎不掺一点杂质，这里的人似乎都陶醉得忘记了昨日的烦忧。蒙哥马利似乎又恢复了儿时的顽劣，他拉着贝蒂·卡弗的手在人群中不断地穿梭，他们雀跃着向那边无尽的雪山呼喊着，细细碎碎的雪片伴随着他们的呼喊声飘然落下，似乎又为本已美的不可挑剔的景色凭空增添了一个亮点。

在瑞士旅行期间，两个人一直都沉浸在这美丽的景色之中，他们思绪如潮，兴致盎然。

在瑞士度假的日子，他们每一天都过得很充实，但是贝蒂·卡弗所期待的表白并没有出现。眼看着假期就要结束了，蒙哥马利却迟迟没有表达他的想法，而木讷的他对此也很是着急，他想表白却又不知道如何开口，于是告白被一次次地搁浅。两个人都有各自的想法，在假期的最后几天，他们都显得心事重重。

就这样，这次瑞士旅行结束了，两个相爱的人并没有彼此表达。此后不久，蒙哥马利很快回到了皇家沃里克郡团，他带着弟弟布赖恩和几个少尉一同奔赴战场，他们的交通工具是自行车。

这次旅行让彼此爱恋的两个人感受到了他们爱的深沉，分别半个月的他们是那么怀念彼此，一路上蒙哥马利都在想如果这是贝蒂·卡弗和他的旅行那将是多么美妙！他们骑着自行车在既定的路线上行驶着，蒙哥马利总是会陷在对美好未来的遐想之中。他多想下一站就是贝蒂·卡弗生活的地方，那么他就可以马上见到她。

时间可以让人清醒，贝蒂·卡弗在蒙哥马利旅行的这些天同样神魂不定。她每一天都在期待着蒙哥马利回来，但却又在失望中结束每一天。半个月的时间对于人生来说是那么的短暂，但是对于相恋的人却是那么难熬。

自行车旅行结束之后。蒙哥马利回到了坎伯利，他和贝蒂依旧亲密的交往着。经过这一次的分离他们都确信对方在自己心中的地位，但是他们的关系就是这样一直朦胧。

1927 年的复活节，蒙哥马利和贝蒂一起去了贝蒂儿子所在的学校，去看望这两个小家伙。这一天天气极好，天空蓝蓝的如画一样没有一丝杂质。

二战浪漫曲

空气中似乎所有的漂浮物都不复存在,两个人的身上暖暖的,有种爱意的流动。

当他们来到学校的时候,正赶上孩子们午休,他们带着两个孩子吃了一顿丰盛的午餐,4个人俨然是一家人,蒙哥马利恍惚觉得他就是这个家庭的成员。两个孩子很是调皮,他们和蒙哥马利的关系一直很好,所以他们并没有显得拘束。整整一顿饭的时间几乎都是两个小家伙在争抢着向妈妈诉说他们在学校的表现,他们把自认为有趣的事情滔滔不绝地讲出来,说话的时候神采飞扬,讲得津津有味,吸引了不少人的注目。

饭后他们把孩子送回学校,当他们走到手球场时,贝蒂·卡弗和蒙哥马利在一起交谈,而约翰和迪克则是在远处玩耍。贝蒂对蒙哥马利说,已经有人对他们总见面的事说三道四,因此贝蒂提议,过一段时间在提见面的事。其实贝蒂·卡弗并不是真的想分开,她只是想把自己的感情稳定下来,这样或许可以让蒙哥马利真正了解自己的感情。

贝蒂·卡弗的目的达到了,蒙哥马利当然向和他继续交流,但贝蒂·卡弗就是认准了这个看法。在一刺激下,蒙哥马利急了,他对贝蒂·卡弗脱口而出:"别这样,我爱你。"贝蒂·卡弗立即哭了,蒙哥马利将她抱在怀里,两个人都了解到了对方的心思,因此,感到格外的兴奋。

迪克第一个听说蒙哥马利和贝蒂订婚的事情,他的心里有些怪怪的感觉,他不是不想接受蒙哥马利加入他们这个家庭,只是他不能相信突然他就有了一个父亲。但是迪克转念一想:"有这样一个父亲也不错。"

很快,蒙哥马利和贝蒂在一张很有影响力的报纸上公布了二人即将结婚的消息。在同年的 7 月 27 日,都已经 40 岁左右的两个在奇斯维克教区教堂举行了婚礼。天公总是会在得到祝福的日子作美,蒙哥马利与贝蒂结婚的那天真是"芳草凄美,落英缤纷",一切都像梦境般展现在人们的面前。在人们的祝贺声中,贝蒂成为了蒙哥马利的妻子,她也是蒙哥马利一生的爱。

蒙哥马利在婚礼结束后,便带着贝蒂一起去什罗浦郡度蜜月,两个人相同的志趣和爱好,让彼此更加的爱慕。

幸福的日子在他们的身边一点一点地划过,他们在幸福中彼此关爱。蜜月的生活带给他们的是一生的回味,没有任何杂念的时候,他们的生活是那么纯粹。

什罗浦郡的蜜月之后,蒙哥马利带着妻子回到了伦敦,看了一眼孩子们什么情况,他们立即起身迁往他们相识的地方。

在与贝蒂结婚前,蒙哥马利承诺照顾她的两个孩子。从贝蒂答应嫁给他的那一刻起,一个属于蒙哥马利的家庭便诞生了。两个孩子很快发现他们的生活与从前大不相同。现在的家被蒙哥马利在军中的养成规整习惯占据主要地位,似乎有了一股军营的味道。

蒙哥马利对贝蒂也是宠爱有加,自己想着要替爱妻承受一切压力。每天早餐后,蒙哥马利就把管家和佣人集合起来,他给每一个人安排一件事,像是食物的准备啊,卫生的清理之类的事情,但是他从要求自己的妻子参与这些事,他给贝蒂充分的时间去绘画创造艺术,做她喜欢做的事情。

蒙哥马利认为,家里的膳食和清扫之类的家务都有专人来做,这样妻子不那么劳累,她可以腾出空做一些自己感兴趣的事情。

很难想象,一个浪漫的艺术家竟然能和古板的军人生活在一起。但事实上他们生活的很和谐,家庭琐事贝蒂由他去管。蒙哥马利看上去很专制,表面上,贝蒂对他的"军事化的统治"处处谦让,但两人在私下里,真正重要的问题上往往都是贝蒂占上风。在众人面前,贝蒂是照顾着蒙哥马利的面子,私下里,她却是一个敢和蒙哥马利说"不"的人。

每一对夫妻在一起都会有一个非常重要的结合点,而蒙哥马利和贝蒂则是因为两人有着截然相反的性格，才让他们彼此吸引。贝蒂是那种无拘无束的，而且还有点玩世不恭的感觉，她需要一种规律来弥补她性格中不足；而蒙哥马利是军人，本身有着很强的自律性，也许正是因为这种吸引，才是他们两人相伴终生。

贝蒂的两个孩子也过得很快乐，孩子总是能在最快的时间里适应新的生活，蒙哥马利却为此伤了不少脑筋。他所做的一切都是为了孩子能够更好的成长，帮助孩子们培养出各种正确的价值观念。

蒙哥马利对他们非常上心，给孩子部署很多有意义的活动，蒙哥马利所做的一切贝蒂都看在眼里，每当孩子向她诉苦的时候，她就会极力的向着蒙哥马利说话，她要让孩子们理解蒙哥马利为他们所付出的努力。

现在他们生活的条件比以前好多了，有了更多的乐趣，并且有更多的时间和母亲在一起。虽然蒙哥马利的工作依然很繁忙，但是他会尽力把所有的工作都在上班的时间处理妥当，在家里他会完全融入他们之中，把所有的精力都用来关心妻子和孩子们。一家四口就这样幸福的生活着，他们所看到的未来都是幸福。

很快到了年圣诞节，蒙哥马利带着妻儿一起前往瑞士。一这路上，贝蒂经常恶心呕吐，经过检查才知道，原来她怀孕了。蒙哥马利知道后更加精心地呵护贝蒂。1928 年 8 月 18 日，在蒙哥马利的住宅，一个男孩降生了。

蒙哥马利给孩子起名叫戴维·蒙哥马利，蒙哥马利为了这个可爱的儿子，专门请了一位保姆来照顾他。孩子的到来让夫妻二人高兴了好一阵子，自从生了戴维后，贝蒂的体质比从前虚弱了很多，可是她乐观的性格让她每天都精神饱满的生活着。

虽然蒙哥马利自己的孩子虽然出世了，但是还是一如既往的悉心照顾两个非亲生孩子，一家人的日子过得非常开心。

不久,蒙哥马利正式成为了皇家沃里克郡团的一名营长,距离他初次到皇家沃里克郡团这里已有 12 年之久了。这让蒙哥马利的父亲高兴了好一阵。贝蒂也很高兴,但是这个时候,贝蒂的长子约翰正生着很严重的病,她只能先留下来照顾孩子,过些日子再去。

不久,蒙哥马利的海外驻军生涯从此开始了。每天都要忙的七上八下的,他不仅要与驻叙利亚、约旦和黎巴嫩的外国军队保持密切的联系,还有负责指挥驻守在巴勒斯坦的英军,他还要跑很多地方,需要处理的事情也很多,整天忙得不亦乐乎。或许蒙哥马利对于这样的生活过得已经怡然自得了。

由于蒙哥马利中校在巴勒斯坦工作成绩突出,很快被晋升准上校,升迁开始。

在驻防亚历山大之初,蒙哥马利感到非常失望。因为在这里他没什么事可做。但移防亚历山大以后,他的职权范围大不如前。然而,蒙哥那里很快找到了新的乐趣。在蒙哥马利驻防亚历山大后,部队执行的都是比较单纯的任务,蒙哥马利又在军队中开始了特别训练。他不定期的到连队检查训练工作,可能你正在睡着,或者天亮了还没起床。如果被蒙哥马利抓到那可就惨了,大家都知道蒙哥马利的厉害,于是没有人敢偷懒。

经过一段时间的连级训练后,蒙哥马利就开始组织营级训练。蒙哥马利是非常坚持的人,只要是他想做的事情,他就会一直坚持到底。就拿一次把带领这个部队奔赴沙漠中去训练来说,蒙哥马利就和旅部吵了起来。最后蒙哥马利还是坚持自己的意见把部队带到了沙漠,他们每天太阳升起时行军,日落后安营休息,在两天之后终于平安的到达了目的地。

蒙哥马利工作效率极高,整个营的事都揽在肩上,似乎不放心任何人插手其中,这样做让他看起来显得专制和霸道。

尼尔·霍尔迪奇中尉曾回忆:蒙哥马利想法里都是关于战术的东西,而且可以算是当时那个营的顶尖的，他的那些思想也影响到了那些下士们。也许是因为有些连长并没有那些有思想的军事想法，再加上带着那些庸碌的军官，蒙哥马利就决定对全营的大小事务进行全面掌控。

正是手中握有大权，如果有人想进行人事之间的调动，必须经过蒙哥马利的批准，否则谁也别想调成。对于一些人的升迁也是由他一个人决定，这样就使那些人不知道自己身处何种处境。他所带领的这个营规矩有些老套，所以蒙哥马利那种近乎专制的做法，让官兵们难以接受，这也就导致蒙哥马利的人缘不是很好。

由于蒙哥马利的特训，在一次沙漠里进行军事演练，有着令人刮目相看的表现。不久之后，蒙哥马利就晋升为旅长。

蒙哥马利想通过再次进行的沙漠演习大显身手，他没有按照传统的沙漠作战方式拟订作战计划，甚至连"敌军"的准确位置都不知道的情况下，便准备发动攻击。

蒙哥马利的这个决定，让旅参谋长德·甘冈感到强烈不安，他认为在他们还没有掌握"敌军"准确位置的前提下，最好不要贸然行动。此时，德·甘冈想起了自己的一位在空军任驾驶员的老相识，他请这位朋友到"敌军"上空飞了一圈，顺便拍了些照片回来。他的这个朋友速度很快，照片很快送了回来。上面很清晰的标明了"敌军"在沙漠中的兵力部署。于是，蒙哥马利在夜间指挥着部队赶去将"敌军"团团围住，最后，"敌军""全军覆没"了。

这次沙漠演习蒙哥马利的部队大获全胜，一方面原因是由于德·甘冈机智也有谋略，而蒙哥马利长期对部下进行严格训练，也起到了一定的作用，这样才能在晚上彻底歼灭"敌军"目标。

蒙哥马利到巴勒斯坦5个月后，贝蒂领着儿子一起去了巴勒斯坦，在约翰的病好了之后，他也在暑假时赶到了巴勒斯坦。蒙哥马利看着多日未见的妻子,心里无比的高兴,又看到儿子,那种喜悦的心情真是无以言表。随后,蒙哥马利就带着一家人游遍了大马士革等地。

在巴勒斯坦呆的这段时间里,贝蒂对这个国家产生了深厚的感情,不时地拿起画笔,记录下她最喜欢的景色。其中有一幅画作,主要内容是一个当地人在清真寺的台阶前面打水,贝蒂把这幅画画得十分逼真,现在这幅作品已成为贝蒂的重要代表作。

虽然贝蒂是一位艺术家,但她总是给别人一种轻松、亲切的感觉,风趣而且还很幽默。只要和她交谈过的人,都认为她不会使人感到沉闷。当贝蒂和蒙哥马利在一起时,总是拿丈夫的寻开心,两个人总是在一起欢笑不止。

在从他所带领的第 1 营前往亚历山大时,为了使官兵们快乐和满意,每天的生活不至那么枯燥,蒙哥马利容许官兵们可以有一些一些喜好,比如说养鸽子,蒙哥马利当然也是养鸽子群体中的一员。

因为养鸽子,蒙哥马利还断了了一件鸽子是谁养的"案件",有一位军需官说一个士官盗走了一只鸽子。士官表示那是他自己养的。于是,他们找到了蒙哥马利,让他裁决。蒙哥马利采取的方式就是,把这只鸽子放掉,纳闷这只鸽子就一定会自己飞回它的鸽房。军需官和下士对这种方式都表示同意。

全营官兵马上也知道了这件事情,大家都很好奇,很想知道这只鸽子到底是谁的,很多官兵都出来看放鸽结果。当蒙哥马利把鸽子法放飞后,这只鸽子在营房上空飞了几圈之后,之后就飞到蒙哥马利所养的鸽房里,再也不出来了。

贝蒂听蒙哥马利讲完这个故事后,哈哈大笑。就这样,他们虽然生活在军营里,但是他们从未感觉到寂寥。

之后,蒙哥马利前往奎达参谋学院做最高教官,贝蒂也一同前往。在那里他们生活得很幸福,并且经常招待蒙哥马利的学生到家里吃饭。

一位曾去过蒙哥马利家做客的年轻军官后来回忆道："贝蒂的肤色有些黑，她活泼爱笑，而且她的衣着朴实无华，令人看着很舒服。最令人刮目相看的是，她有很好的教养和天赋，而且还是位水平很高的油画和水彩画家。

作为男人，可能都喜欢妻子百依百顺，对于自己的想法都很支持。而贝蒂并不是一个对丈夫无条件服从的妻子，她像一只快乐的鸟，在蒙哥马利面前总是随心所欲，但蒙哥马利就是喜欢贝蒂这一点。比如蒙哥马利说，下午的时候你还是别去那个地方为妙。贝蒂却说，我正要去。但是如果贝蒂真的去了，蒙哥马利就不能容忍，可是这不会影响他们之间的关系，他们马上会变得很愉快。蒙哥马利知道，贝蒂很骄傲，但又很坚强，所以他不但喜欢她，而且还很敬重她。

在奎达的日子里，贝蒂创作了很多优秀的作品。蒙哥马利对贝蒂的画有一种独特的鉴赏能力，这也许正是他们心灵上的某种契合。

过了段日子，蒙哥马利再次升迁，成为一名旅长。这时候的贝蒂，身体状况大不如前，没做什么就觉得浑身乏力，但她的乐观心态依旧持续着。

蒙哥马利与第9步兵旅一起驻扎在索尔兹伯平原，而他的半月堡式官邸要到9月才能装修完毕。

为了让贝蒂和儿子有一个比较舒适的地方，蒙哥马利让贝蒂带着戴维和母亲一起住，于是他找了一家海边的宾馆，这样戴维就可以度过剩下的假期。这个旅馆离第9步兵旅营房比较近，戴维经常跑到海边的沙滩上玩耍，贝蒂在这样清闲的日子里，心情也好了不少。

蒙哥马利掌握的旅隶属于第3师，而这个师则贵南面的军区管。这个时候该军区的负责人是约翰·伯内特·斯图尔特将军，这位蒙哥马利的老上级对蒙哥马利特别赏识。

蒙哥马利刚上任后，就立刻开展训练项目。原来的训练计划是他的前任雷克斯制定出来的,雷克斯最拿手的就是训练项目,他有很多不错的想法,但是他的计划与蒙哥马利的想法却完全不同。

蒙哥马利拿起雷克斯的规划表,他看过之后说:"这个计划根本不适合现在的作战,必须得改变,而且计划中规定要在一日之内实施三个演习,这根本就是毫无道理的。我的意思是训练的内容要更加严格,不能这样放松,而且必须要在晚上出发,这必须形成一个有意义的惯例。"听完蒙哥马利的要求,辛普森立刻做出相关调整。

在一次演习中,这个旅主要要做的是夺取一个小山岗。蒙哥马利的对手第 7 旅的负责守住这个地方,他们还需要做的就是在防御的同时也要尽全力打击对手的有生力量。蒙哥马利安排攻打规划首先想到的是辛普森。不过这个规划基本上都是硬搬书本上的东西。

辛普森把自己制定的计划拿给蒙哥马利看,蒙哥马利看过后说:"这个计划太正规了,而且也不适合这次演习。我很了解裴勒特的个性,你要做的是攻其不备。在你制定这个计划前应该先了解一下你的敌人,这样才能取得成功。如果你采取太正规的方法,他就会猜得到你的计划并设法对付。但是你如果从一个完全想不到的方向去进攻他,那取胜的希望不就大大增加了。"

辛普森听完蒙哥马利的说法后,点了点头,接着,蒙哥马利将自己的想法说了出来。但辛普森觉得在进攻阵地前,部队很有可能就会被第 7 旅发现,那样会使部队处于被动的地位,因此他觉得翼侧攻击是一件很危险的事。

而蒙哥马利却不接受辛普森的建议,他仍然坚持自己的计划,他说:"必须攻其不备才可能一蹴而就,当然,每一个计划都一定的弊端,但只有不怕冒险,才会取得出其不意的效果。此外,我还要在敌人以为战斗还未开始时发动攻击,你想想,我们真要是成功了,那以后的局势对我们不是很有利。"

演习开始了。蒙哥马利就是有着不同于常人的独到想法,他下令:"所有部队从下午开始睡觉,午夜时分开始行动。"

对于这次演习,军方高层非常重视,陆军参谋长、南方军区司令等高级将领前来观看。蒙哥马利的第9旅进展非常顺利,而他的对手第7旅对此却毫无察觉。观看演习的军方高层都非常赞赏蒙哥马利的这一决定。

为了不被敌人暗中袭击,蒙哥马利设下重重关卡和放哨人员。也许是因为天气的原因,当晚,第7旅并没有偷袭。第二天清晨,天气变晴,蒙哥马利果断出动军队,直奔敌营。这次演习最终以蒙哥马利的胜利而告终。

通过这次演习,蒙哥马利的作战才能充分的显示出来,这对他日后的晋升非常重要。该师长和军区首长对他的表现大家赞赏,都认为他是一个可造之才。

过了一阵,贝蒂和带着儿子去滨海伯纳姆。可是在一天下午发生了一件事情,成为导致贝蒂身体日益恶化的主要原因。当贝蒂和儿子在海滩玩得很开心时,一个虫子在她的脚上咬了一口。贝蒂从来没有见过这种虫子,说不清被这种虫子咬到之后会有什么后果,所以她也就没有放在心上。

当晚她的脚就出现了肿痛的情况,开起来十分严重。急忙找来大夫,只看了一眼,就让人立刻把他送到医院,并让人叫蒙哥马利回来。

因为只是被小虫子咬到了,所以大家以为她只是有点感染,不会有什么危险。蒙哥马利听到情况后,也认为问题不是很大,因此也没有马上回来看望贝蒂。

蒙哥马利把一切都安排好了,并且他和约翰未婚妻的父亲休·特威迪海军上将通话,他想让上将的女儿乔丝琳可以来这里,顺便照料贝蒂母子俩。

特威迪说:"我的女儿从来没有离开过我们,她也从来没住过旅馆!"

蒙哥马利说:"那更好了,可以趁此机会让她经历一下,这也是一种锻炼嘛!"

不久后，约翰·卡弗的未婚妻来到这个海边的地区对戴维进行各种必要的照脸。

乔丝琳以后回想起这件事说："在贝蒂情况越来越严重的时间里，蒙哥马利只看望过一次。其实从贝蒂当时从外面看不出来有什么异常，就是内里疼痛难忍。因为这样，很多人都觉得这个病似乎也没什么值得太过担心。之后，蒙哥马利给戴维整理好各种事物就走了。"乔丝琳觉得这一切都是贝蒂的意思。

在戴维要回去读书之前，向母亲告别。此时贝蒂病情已十分严重了，戴维拿着一个胸针送给母亲，但贝蒂已经说不出话来了。看到母亲这样，戴维很伤心，他颤巍巍地把胸针放在母亲的床单上。在他回旅馆后，给母亲写了一封信。

戴维当时还不到 10 岁，但他仿佛知道，这可能是他最后一次见到母亲了。乔丝琳在那里照顾了贝蒂很长时间了。

贝蒂的病时好时坏，病魔已经把这位乐观的女人折磨得憔悴了很多，昔日脸上的光彩已经不复存在了，她努力地抵抗病魔的侵袭，倔强的她不让任何人管她，她要自己坚持下去。

他知道情况似乎有些不妙，好几次都想要吧妻子带回家修养，但是情形并不能允许蒙哥马利这样做，因为贝蒂此时已经严重到一定的地步，回家路途的波折已经让她无法承受，医生警告蒙哥马利，如果那样做是会让她送命的。

蒙哥马利在贝蒂生病的时候，常常给她读《圣经》中的一些东西。甚至在爱妻即将要离开人世的不久前，他还在为她读一首关于赞美的诗篇。

贝蒂被叮咬的地方越来越痛，病情越来越严重，后来因为痛的太厉害了，医生就给贝蒂注射了镇痛剂。面对贝蒂的这种状态，医生也是束手无策。

因为查不出病因,贝蒂的那条腿几乎就是保不住了。一天,医生告诉蒙哥马利他妻子现在的状况。医生说,现在唯一的希望就是截肢。

蒙哥马利见到居然还有治好的可能,就答应了医生的想法。截肢手术后,贝蒂的病情并没有得到好转,毒素还是在继续蔓延,后来竟然扩散到肺部了。

1937 年 10 月 19 日,蒙哥马利最不愿意看到的一天到来了,贝蒂再也无法坚持了,她在蒙哥马利怀里离开了人世。经过尸检,贝蒂是死于败血症。蒙哥马利虽然已经晓得了贝蒂的病情,但当死亡降临的时候他还是忍不住流泪了,望着怀中被病魔折磨得憔悴的妻子安详的离开,他的心阵阵绞痛。

生死离别是最残忍的事情, 留下的那个人独自承受着失去亲人的痛苦。蒙哥马利抱着没有一丝气息的妻子久久地坐在那里,他怕放开了就再也看不到了,生死分离就是此生最后的相见。那么当蒙哥马利想念妻子的时候他该去哪里看望她呢? 当他需要温暖的时候去哪里找寻那个温暖的家呢? 孩子们需要母爱的时候又该去哪里为他们寻找他们的母亲呢?

蒙哥马利被无限的痛苦折磨着,往昔幸福的场面一个个在他的眼前重现,但是擦干泪面对现实却是那么残忍。

在当地的墓地,只有 4 个人参加这个简单的葬礼。蒙哥马利带着自己的参谋长肃穆地站在一旁。蒙哥马利没让两个孩子来参加葬礼。只有他自己默默地和爱妻作别。

蒙哥马利的眼里含着泪水,静静地看着妻子,她的容貌很好,极为平静。在为贝蒂举行葬礼后,蒙哥马利来到学校,把母亲死亡的消息告诉了戴维。随后又通知了约翰和迪克。

在蒙哥马利的心中,没有人能和贝蒂相比,贝蒂为他的人生之路增添了无限的光彩,使他感受到了活着是多么幸福的事情。

但不幸的是，贝蒂很快就走了，10年弹指一挥间，接下来却是长时间无穷无尽的煎熬。约翰后来写道：

"可能有些人会猜测，如果我的母亲还活着的话，那会发生什么令人期待的事情。但我却有一个有趣的想法：如果蒙哥马利没有遇上我母亲，他的人生不知道会是什么样，但我认为，蒙哥马利那特有的爱较真的毛病一定会演变成一种阴暗的心理，如果这种性格发展下去的话，他也许不会取得后来的那些成绩。说的严重点，如果说国家至少欠了我母亲一份人情，那完全不是一句大话。"

对于妻子的离开，蒙哥马利的悲痛是无法形容的。很多年后，蒙哥马利在《回忆录》中的描写，表示对那段日子依旧感到痛楚。

蒙哥马利把他所有的爱都倾注在了贝蒂的身上，贝蒂的突然离去让他的内心久久不能平静。每一天他只是沉默，不愿与任何人交流。几个星期之后，蒙哥马利振作起来开始了新的生活，处理中断了许久的事情。

过了很长的一段时间，蒙哥马利的心情才逐渐恢复了平静。他的生活终于走上正轨，一切都重新开始，一切似乎都恢复了以前的生活状态。但是在蒙哥马利的心里，他的生活从贝蒂走后就开始变得灰暗，孤独再次与他为伴。

在以后的岁月中，蒙哥马利再也没有对任何异性产生过兴趣，也从未考虑过再婚，他将全部的爱情都给了已经长眠的贝蒂。也许从一个女人的角度来说，贝蒂是幸福的，她得到了丈夫全部的无私的爱，不仅在生前，就是在她死后，这种爱依旧伴随着她。

对于戴维来说，母亲的去世给他的影响更大，也给他带来了更长久的不幸。父亲久久不能从悲痛中走出来，而对于戴维来说，他不仅突然之间失去了母亲，随着1939年第二次世界大战爆发，身为军人的父亲奉命出征，11岁的戴维则不得不待在"假日儿童之家"。

爱的永恒

生命总是按着既定的轨迹轮回,命运是人类无法左右。蒙哥马利或许此时已经安于此生,在这以后的 10 年当中,他把全部的经历都投入到了军队之中。在这期间,他虽然没有了贝蒂带给他的温暖,但是在怀念贝蒂当中他依然感受到妻子的爱。

之后,这是德军进攻波兰的前三天,蒙哥马利再次升职,成为第 3 师师长。通过各种事件可以得出结论,战争不远了。在紧张中他又想起了贝蒂,他多么想贝蒂能够用甜美的微笑鼓励自己,但是这一切都不可能了。他告诉自己不要让贝蒂失望,她正在天堂看着自己呢!

1939 年 9 月 1 日,德军入侵波兰,英国对此发布最后指令,德国再继续这样就立刻开战,同时发布全面总动员令。3 日 11 时,英国正式向德国宣战,到了下午 5 点钟的时候,法国也向德国宣战。到这个时候,第二次世界大战的渐渐展开。

经过战争动员后,第 3 师又进行了三次大规模的演习。和以前一样,蒙哥马利并不重视军人的仪容,在他看来,军人从哪来穿啥样无关紧要,主要能打仗,能在战场上奋勇作战,建立功勋,至于军容仪表,需要的只是适应时间。9 月 29 日凌晨,载着奔赴前线士兵的火车驶离了站台,开往了南安普敦,当日午夜,船队离开港口起航,驶向法国。

装备是怎样的没有那么重要,然而,最令蒙哥马利头疼的是英国远征军的指挥机构,它从一开始就令人感到没有希望。

对于这次赴欧洲大陆作战，蒙哥马利的感觉和 1914 年时没有什么太大的不同，如果说有，那就是上次自己是作为一名少尉排长来的，而这时已经是响当当的少将师长了，即便是那一次后来被提升，仍不可同日而语。

这次作战，整个师的命运，每一名官兵的生和死，都掌握在自己手中，取决于自己指挥决策的正确与否，一师之长，风光无限的将军，既是一种荣耀，同时也担负着责任，不是谁都可以胜任的。想到这些，蒙哥马利感觉自己肩上的担子重了许多。

但蒙哥马利从来不畏惧挑战，越有难度的事情，越能激发他的好胜心，自从贝蒂去世后，军队成了他生命的全部。晚上，当自己一个人在卧室时，蒙哥马利依然在想着即将开始的战争，想着他的军队。在他想得筋疲力尽的时候，贝蒂也会偶尔出现在他的眼前，她依然那么温柔善良，抚摸着蒙哥马利的额头，微笑着什么也不说，然后离开。蒙哥马利清醒后，他知道这只是他的幻想，但这样的幻想却给了他极大的鼓舞。

不管在哪场战争中，蒙哥马利都非常清楚自己的职责。在与德军的战斗中，蒙哥马利知道，必须要自己的第 3 师发挥全部的功效，这样取胜才会有更大的把握。为了能够在战场上拥有更多的主动权，蒙哥马利对他的部队进行严格的训练。正是这些非常严格的训练，第 3 师的整体作战能力成为英军中首屈一指的。

在蒙哥马利组织演习的时候，英国远征军总部派高级军官来观看蒙哥马利所进行的演习。当然，得到肯定时每个人都会欣喜雀跃，但是蒙哥马利此时只身一人在部队，无人与他分享他的喜悦。他不仅伤感人生苦短，妻子怎么那么快离他而去，上天为什么如此残酷的带走了他的爱人。在悲痛中，蒙哥马利又开始为胜利做准备。

蒙哥马利是出色的，尤其是在这段时期的表现，让许多和他接触过的人都敬佩他,而且对他也做出了非常高的评价。

艾伦·穆尔黑德对蒙哥马利的评价也非常高,他这样描述:"在战场上,蒙哥马利第一次能够把他的想法应用到战场上,而且发挥得还相当不错,这非常值得人们学习。他对于那些具体工作一般情况下都交给参谋人员去做,因为他认为如果把时间都用来做这些事情,是很不值得的,好不如到前线上和士兵们在一起战斗,这样既可以了解前线的情况,也可以了解士兵和指挥官们的想法,这对战争中的配合可以起到事半功倍的作用。

和蒙哥马利交往比较多的布鲁克这样评价蒙哥马利:"无论在战场上,还是在平时的演习中,蒙哥马利都充分发挥了他的才能。在战场上,因为敌人说不定在什么时机下就会来偷袭,针对这种情况,蒙哥马利不得不 作出相关部署。而当敌人来到时候,蒙哥马利顺利地寻找到可以解除这个威胁的办法。他说:'可悲的领导者,居然不晓得自己的怀里的是有毒的尖刺。'这句话我仍记忆犹新。"

在战争开始时,坏消息就像是跟屁虫似的,每天都会传来:德国的军队骄傲的压过一片片异国的土地。等待的感觉会让每一个人都焦虑不安,但蒙哥马利却表现出了比较淡定的一面。

蒙哥马利需要充分的休息,因为蒙哥马利十分坚信只有休息好,才能让头脑清楚,精神状态比较饱满。有这样一个事例,一天晚上,有一个参谋不知道蒙哥马利休息时最不喜欢被惊醒的习惯,就将他弄醒,告诉他,德军现在侵入卢万。结果这令蒙哥马利很生气。

许多人和蒙哥马利有过交集的人都知道, 他是具有超凡能力的军事天赋。

在蒙哥马利担任东南军区司令期间,来自英国世界名校的戈伦韦·里斯担任其参谋,也就是在这期间让他对蒙哥马利有了更深的了解。

里斯怀着惶恐的心情与蒙哥马利见了面。里斯后来回忆道："蒙哥马利的状态是十分轻松的，原本还有些局促的我，经过一阵交谈，身心的紧张感就消失无踪了。这时你就会觉得，这种安详的神态能在一个军人身上看到，那种感觉真是有些不协调。"

里斯还说："在我所接触的那些层面较高的将领中，迈尔斯·登普西爵士以前告诉我，每次他在指挥第 2 集团军时感到遇到难题的时候，他都会去请教蒙哥马利，每次蒙哥马利都会给他极大的鼓舞。"

战争在双方的抵抗中有条不紊地进行着，似乎是一场残酷的游戏，但是人们却乐此不疲的把它握在手心，谁都不愿放弃自己的那些获胜的希望。于是残酷继续，结果依然会残酷。

1940 年 5 月 19 日，英国远征军司令部开了一次重要的会议，这次会议针对英国远征军撤回本土的应变计划进行了讨论。最后得出的结果是，敦刻尔克比较适合组织环形防御，敦刻尔克的港口可帮助英军以及一部分补给品和装备撤退。

也许是因为军人的原因，蒙哥马利的日常生活是非常有规律的。就算在敦刻尔克撤退这种时候，蒙哥马利依然精神饱满，在他看来，只有保持旺盛的精力才可以应对突变。即使处在困境中，蒙哥马利仍会很活跃，这种生龙活虎的状态也时刻感染着士兵们。

蒙哥马利所率领的部队和其他的作战部队有很大的不同，那就是他的部队边行军边赶着一群牛，以便于能让军队很好地吃到牛肉。同时，蒙哥马利还建立了杀牛的场所和制造面包的工场。这些也都是蒙哥马利实际操作让陆军处于最佳状态的想法，这个观点是韦维尔咋若干年之前提出来的一个理论。这样的陆军的专长应该是暗中拿到东西和暗中捕猎。在蒙哥马利眼中这些并不比杀人能力重要。

不久后的 黎明前,一件非常严重的事情发生了,比利时军队全线溃不成军,其国王向德军投降。

此刻的英军圈状防御杂乱无章,这条防线目前是英军仅有的的能够进行强有力防御的地方。如果这条防线被突破的话,其所带来的灾难性后果难以想像。

富兰克林将军的师级部队尽管受到比较大的威胁,但这条防线经过努力最终有惊无险,这对于扼守在这条防线的士兵们来说,的确是一个好消息。但是这条防线两侧的空白地带是布鲁克最担心的,因此他以最快的速度让蒙哥马利的率领部队解决这个问题。

这道强制性的命令让蒙哥马利来了一次硬生生地行军。从军事技术而言,强行军是很不可取的。但蒙哥马利没有丝毫需要焦虑的地方,也许这种行军比较有难度,可蒙哥马利的部队曾经所做的一系列训练和演习在这次行动中起到了至关重要的作用。蒙哥马利此次将要采取的进攻策略是不对正面进攻,但从正面经过,再从侧面行军的最难战术。

布鲁克后来评论:"这支不对早就经过高强度训练的洗礼,早已顺利地把握到这种行军方式的关键。。"

如果在没有仗打的时候,蒙哥马利的如此方式,会让一些人无法赞同,甚至会让一些带兵的人不耻。但当战争来临的时候,当意外情况发生的时候,你不得不承认,蒙哥马利的这些做法都是值得肯定的。

英国远征军的地盘正在一点点地缩小,同时,大多数高级军官不断撤回英国。

对于当时的局势,作为一个具备军事素养的指挥官都应清楚,此时的英军必须撤退。蒙哥马利在下定决心后,没有政府和军方进行商量,便做出了他一生中最伟大的决定:命令所率部队,立刻改向敦刻尔克撤退。随后蒙哥马利成功的参与指挥了敦刻尔克大撤退的行动。

在正确的时间做出正确的决策是难能可贵的,尤其是在这样的紧急时刻。当战争来临时,一个指挥者的作用是极其重要的。能够在最关键的时刻做出最正确的决定,是一个优秀的指挥员必须具备的才能。

敦刻尔克大撤退,挽救了数万英国士兵的生命。蒙哥马利在成功撤退之后一个人在屋子里泪流满面,嘴里不断的默念着妻子贝蒂的名字。他拿着妻子的照片,把敦刻尔克大撤退的消息都告诉了她。他告诉贝蒂在天堂一定要时刻关注她,他会把每一个胜利的消息都告诉她!

蒙哥马利在敦刻尔克大撤退中起到了重要的作用,其意义是不同凡响的。英国远征军副参谋长布里奇曼战后给蒙哥马利写信,谈到此事,他说道:"参加敦刻尔克撤退的全体同仁,他们有很好的理由感谢你。"

敦刻尔克大撤退,这个看似有些不可思议的命令,但是英国去为此保留了珍贵的战斗力,这是能持续进行战斗的最有价值的力量。丘吉尔在议会的报告中对此次撤退给予了这样的描述:"我们可以确认的是,历史也会证明,虽然撤退了,但这为以后的胜利做好了准备!"著名历史研究学者亨利·莫尔,他也指出,不得不承认,敦刻尔克大撤退为盟国的胜利打下很深厚的基础!

历史证明,敦刻尔克大撤退为第二次世界大战争取了更多的有生力量,积蓄了战斗力,它几乎可算作"二战"中一场著名的战役,如果没有这场战役,反法西斯的战争将会更加的举步维艰,胜利的时间也许会被推后。

蒙哥马利从此名声大振,他的事业也进入到了一个新的转折点。蒙哥马利在贝蒂去世后的 10 年中都在为战争而活,所有的时间都用在了对战争的计划与实行当中。对于他与贝蒂的独子戴维照料甚微,直到 1942 年他远征非洲的时候,才把儿子从"假日儿童之家"接回来。

蒙哥马利上次看到儿子已经是若干年前的事情了,戴维此时已经身材高挑,长得很结实。蒙哥马利在学校看到儿子的那一刻老泪纵横,突然间他想起了妻子贝蒂,如果她还在他们的身边,那么现在应该是一家三口幸福地享受美味佳肴。在他犹豫彷徨的时候,贝蒂一定是他最好的支柱。可是现在一切都不存在,家也不再完整,可爱的儿子长期得不到家庭的温暖,蒙哥马利为此心痛不已。

虽然蒙哥马利只有短短的几天休假,但是他依然带着儿子做了短暂的旅行,他要把这几年欠下的感情债尽可能的还给儿子。在旅行中,父子两个人彼此倾诉着各自的生活,蒙哥马利从他们的交谈中感觉到戴维已经是一个不折不扣的小伙子了,他有正确的人生观和世界观,在看待问题上并没有什么偏激之处。

蒙哥马利紧张的心情终于放松了,他真的害怕在贝蒂离开后,他又不能亲自在身边教育孩子,这么小的孩子既得不到家庭的感觉又得不到父母的慈爱,会变得偏执和孤僻。但是值得庆幸的是,戴维是在健康地成长着。他搂着儿子结实的肩膀边走边思索着,也许贝蒂看到他们的儿子已经这么大了一定会很开心的。

短暂的相聚就在父子的依依不舍中结束了,临走前蒙哥马利把还未成年的戴维安置在欣德黑的雷诺兹少校夫妇家中。雷诺兹少校是戴维在欣德黑就读的预备学校校长,也是蒙哥马利多年的挚交。

实际上,从1942年到1948年,该校校舍不仅是戴维的家,也是蒙哥马利的家。雷诺兹少校夫妇不仅把戴维抚养成人,而且帮助他形成了良好的品德。贝蒂去世后,戴维是蒙哥马利唯一真正的牵挂,对他有所安排之后,蒙哥马利全心全意投入每一次征战。

战争是贝蒂去世后蒙哥马利最好的伙伴,他在战争当中寻找胜利带给

二战将帅的婚姻生活

189

他的乐趣，军队和战争在贝蒂离他而去后就是他的终极伴侣。1958年,71岁的蒙哥马利退役了,但是他并不安分。

1958年至1968年10年中,蒙哥马利参加了各种活动,除了《蒙哥马利元帅大战回忆录》、《正确判断的方法》这类传世的奇书，他还先后撰写了《领导艺术之路》、《三个大陆》和《战争史》等著作。

1968年,由于身体出现了问题,蒙哥马利彻底退出了公共生活。

1976年3月25日，蒙哥马利走完了他富有传奇的人生历程，弥留之际,他恍惚看到了妻子贝蒂,天使般的贝蒂在召唤他,蒙哥马利微微扬起他颤抖的手,低语道:"亲爱的贝蒂,我来了！"说完,他安静地,慢慢地闭上了双眼。一个将星陨落了,时年89岁。

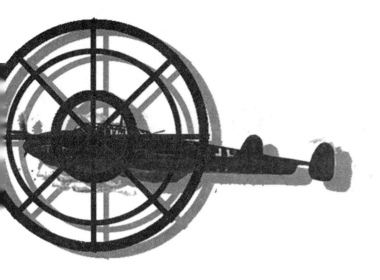

巴 顿

人称"热血与豪胆"的巴顿，在美国军界无人不知，而且在美军史上做出了诸多看似不可能完成的事。他渊博的学识得到了很多人的尊敬。巴顿是骑兵出身，特别喜欢马术比赛，性格开朗的他，总是一副笑呵呵的样子，什么事情在他眼里都会有一个很好的解决办法，这样的性格，让这位勇敢的将军更加无所畏惧。

巴顿是铁骨硬汉，能战胜一切困难。军队在他的指挥下成了无往不利的强军。在他的眼里，战场不仅是生与死的较量，还是实现梦想的舞台，他用钢铁般的意志书写着人生的传奇，他和他的将领们成为了人们心中永不褪色的英雄。

这位有着赫赫战功的四星上将在生活中却呈现出了完全不同的一面，他和他的妻子比阿特丽丝之间的爱情故事可以说是近乎于完美的，执子之手与子偕老是对他们爱情最真实的描绘。他们彼此相爱，相互扶持，直到生命的最后一刻。

巴顿曾经这样对妻子说："我觉得自己最好的离开这个世界的方式就是，战斗中的最后的子弹将我的头打穿。"

比阿特丽丝这样回答："那这场战斗没什么停下来的必要。"

巴顿因为比阿特丽丝的回答而欣喜不已，只有真正懂得他内心的人才能这样回答。巴顿也坚信比阿就是那个他要找的可以共度一生的女人。

二战浪漫曲

情定西点

秋季是收获的季节,微风拂过金黄的麦田,涌起层层的麦浪。1885年的秋天,在美国有一个叫圣加夫列尔的地方,乔治·威廉·巴顿家中,有了最珍贵的收获。一个婴儿的到来使他们的生活又有了新的内涵。他的父亲乔治·威廉·巴顿将这个新生儿取名乔治·史密斯·巴顿。巴顿出生在一个军人世家,祖父曾参加过南北战争,是一名非常出色的军人。家中有四代人都在军中效过力。他从小就坚信家族对教育的原则,并且立志要成为一名出色的军人。

巴顿的父亲乔治·威廉·巴顿是弗吉尼亚的一名律师,为人谦和,性格温顺,是一位很慈爱的父亲,他一有时间就会陪着巴顿,带着他到户外运动,到各地旅游,增长巴顿的见闻,父子俩的关系有时候就像是朋友。巴顿在父母的呵护下,幸福地度过了自己的童年。因为父母工作繁忙,巴顿被送往一家私立学校就读。在这里学习生活了6年。在学习过程中巴顿渐渐喜欢上了历史,慢慢地确立了自己的前进方向,他想成为像祖父那样的军官并且成为历史上最优秀的将军。也正是在这时,他遇见了生命中的另一半——比阿特丽丝小姐。

一个夏天,巴顿一家外出度假,在这个度假的小岛上,巴顿结识了比他稍小一些的阿特丽丝·拜林·艾尔,她爸爸比较有钱,阿特丽丝面庞清秀、身材娇小、举止大方,感情细腻而浪漫。比阿特丽丝的法语说得流畅自然,因为她曾经游历欧洲,而且在法国和瑞士读过一段时间的学校,丰富的经历让她具有一种非常独特的气质,这种气质深深地吸引着巴顿。性格粗犷但却成熟稳重、男人味浓厚的巴顿,也让比阿特丽丝春心萌动。第一次见面后,两人都觉得对方不错,有再见面的意思。之后他们常常在一起,谈他们的理想、未来的生活。

不在一起的时候他们互通书信,传递着思念之情。比阿特丽丝常常在信中鼓励巴顿要坚持自己的理想,她相信他能够成为一名非常出色的将军,她会一直站在他的身后支持他。圣诞节的时候,比阿特丽丝送给巴顿一个别针。巴顿回信说:"看到我带上它之后,我觉得自己之前真的缺少这么一个物品,通过镜子看到自己,我觉得很有自。"比阿特丽丝看过后,心里充满了喜悦。他们在书中畅所欲言,敞开心扉的交流,让他们的感情日渐深厚。

一叶落而知秋,1902 年初秋,微风吹着凉爽、吹着舒畅、吹着甜蜜,同样吹着的还有比阿特丽丝和巴顿的甜蜜感情,生活是这般的美好,可以在风中好好地聊天。和比阿特丽丝在一起的每一段时间,都是浪漫温馨的,和比阿特丽丝在一起的每一段记忆都是幸福快乐的,在现实中寻找未来的生活,在现实中计划未来的路。秋天是收获的季节,对巴顿来说具有特殊的意义,因为与比阿特丽丝的相遇让他的生活更加的充实,他想要为她实现自己的理想,谈他们的未来虽然言之过早,但是他希望可以将其作为自己努力的目标。在克拉克学校的最后一年中,巴顿开始规划将来的事情。

巴顿一直梦想着可以要进军队做军官,可以像前辈那样为国战斗。对儿子的这个梦想,他的父亲也是十分赞同的。知子莫若父,父亲了解巴顿的性格,更重要的是他看到了巴顿在军事上的天赋,相儿子会在军队中发挥他的潜能。而要走进入军队这个道路最好就是进入西点军校。

著名的西点军校地处纽约北部,被视为培养美国军事人才的圣地。大量的出色军官从这里走向战场。西点军校承载了许多热血青年的梦想。走进了这所军校无疑就迈上了康庄大道，从这里走出的学员大多数都是少尉。这对于一直想当将军、当一名好将军、做一名出色的指挥官的巴顿，无疑是个充满诱惑的地方，更是一个充满无限憧憬的地方。

　　但是想取得西点军校的入校资格也是非常不容易的一件事，西点军校每年只招收 150 名新生。按照以往的规定，西点军校的每批学员中有 30 名是美国总统推荐，而特区代表、参议员、众议员则享有一个名额的推荐权，而公立大学毕业的学员也有资格申请。凡是想要进入西点军校的学员，必须提前向陆军部的高级官员发出申请。同时，对申请人的资格也有很严格的规定，申请人必须在 17 到 22 岁之间，而且对文化课的要求也很严格。被选上后，还需要参加由军官委员会举行的考试，考试分文考、武考。这样看来，想要进入西点军校不仅要求很好的成绩，还要有强壮的身体。

　　为了能够使巴顿顺利进入西点军校，他的父亲将巴顿送入弗吉尼亚军事学院学习。在那里巴顿遇到了一些困难，通常在这种学校就读的学生非富即贵，巴顿虽然也来自军人世家但因为是新生常遭到羞辱，不过这些只是小问题。因为巴顿儿时曾患过阅读障碍之类的疾病，常常会对学校通知的事情理解错误而笑料百出，这让巴顿很受打击，有些灰心丧气，常常表露出一些消极情绪。而比阿特丽丝从巴顿的中察觉到了这种细微的变化，她频繁地给巴顿写，回忆他们第一次见面时的场景，描述他给她留下的印象：就好像是一个随时等待冲锋陷阵的将军，那样的威武、有斗志。是那样的有理想，傲气十足。比阿特丽丝鼓励他说：这样的人是不会被任何事击倒的，你需要重新认识自己，适应现在的环境，找到自己前行的方向。

　　巴顿读过比阿特丽丝的十分惭愧，他突然发现自己竟是这样的脆弱，他要重新找回自己，就像比阿特丽丝说的那样自己应该找到前行的方向，这些困难同自己的理想比起来根本不值一提。在比阿特丽丝的关心鼓励之下,巴顿又重拾心努力克服自己身上的缺点和不足。父亲也与他保持着密切的书往来,叮嘱巴顿必须要对不同字体的读物进行阅读,弄清楚每个单词的每个字母直至理解整段文字。经过长时间积累,巴顿的阅读水平有了大幅度的提高。

在父亲和恋人的鼓励下,巴顿很快走出了低谷,开始拼命地学习。临近圣诞节,他已经考入优等生行列。除了刻苦学习文化课知识外,他也努力的学习观看一些军事图书。尽管巴顿入校时作文水平不佳,可是通过他对逻辑思维的训练以及他对学习的热爱,他的写作水平有所提高,虽然在一些时候还有点儿稚嫩,可从总体上看,他的文风还是别具一格的。

巴顿逐渐适应了学校的生活,但是巴顿的愿望仍然是能够去西点军校学习。在1904年初,巴顿终于等到了机会,奔赴洛杉矶参加西点军校入学考试。

这次考试对于巴顿来说是个难得的机会,为了实现梦寐以求的理想,巴顿一刻也不敢放松自己的学习。短暂的考试结束之后,他又急忙返回华盛顿,进行下一阶段的紧张学习。

"在这个世界上,每个人都有他想要去做的事情,这也是最适合他去做的事情。在你的身上,有军人独有的气息,所以,你要勇敢、正直、坚强。你的身上留着优秀军人的血液,你所做的一切都会回报的……"这是比阿特丽丝在巴顿赶赴洛杉矶考试前鼓励他的话。

功夫不负有心人,经过不断地努力,巴顿在12人参加的考试中脱颖而出,顺利考入他梦寐以求的西点军校。得知被西点军校录取后,巴顿立即写给比阿特丽丝,与她一起分享这份快乐,在的结尾他充满激情地告诉恋人:"比阿特丽丝! 我会成为一名出色的将领!"

进入自己向往已久的西点军校,巴顿确立了十分明确的目标,他要在这里实现自己的梦想,就像他曾经对比阿特丽丝说过的那样成为一名出色的将军。入学后他给自己制定的第一个目标:尽快达到下士级别。巴顿非常努力,常常利用休息时间苦练动作,直到无可挑剔为止。在暑假期间,他认真温习功课,总结有效的学习方法,终于在学年末通过了各项考试,还获封第二下士学员。巴顿确实付出了很多常人难以想象的努力,但是他认为身为一个军人就需要有献身精神,做任何职位都不能与之相比。巴顿家境优越,从小更是养尊处优,但是为了自己热爱的事业,巴顿宁愿放弃优越的生活,投入到了艰苦的充满危险的军旅生涯上来。

升入 4 年级后,所有人都必须选择一个兵种,巴顿也一样。他不愿意做一个炮兵,炮兵虽然是战场上非常重要的一部分,但是却只能多在大炮后面。他希望自己处在战场的最前线,和他的士兵驰骋沙场。于是他选择了自己一直很欣赏的骑兵。前行的方向越来越清晰,他接下来要做的就是按照自己的目标努力奋斗实现自己的梦想。在追求理想的道路上还有一个对他而言十分重要的人就是比阿特丽丝。

自从他进入西点军校之后,他与比阿特丽丝很少有机会见面,只是紧密的件交流,互诉思念,虽然如此,他们的感情依然有增无减。1905 年 3 月,在华盛顿的一个庆祝活动上,身处异地的两人终于得以相见。巴顿参加的这个活动是为了参加为西奥多·罗斯福就任总统举行的阅兵仪式。在这里恰巧遇到了前来参加同一活动的比阿特丽丝一家。当他们看到彼此时不能相自己眼睛看到的,他们宁愿相是上帝把他们带到了这里。他们一起跳舞,向对方讲述这些日子发生在自己身上的事情,讲述自己平日里的生活,他们像极了两个久别重逢的相交多年的朋友,有谈不完的话题和讲不完的故事,有些陌生但是却很亲切,这个夜晚对他们而言是一个最美好的夜晚。

此后,每逢周末比阿特丽丝就会专程到纽约去见巴顿,像所有情侣那样幸福的约会,但却选择了不同于其他情侣的约会方式,都是一些野外性质的活动,多了一些随性却更显自然。他们互相帮助,互相鼓励,互相欣赏。比特丽丝教巴顿语法,巴顿向比讲解军事上的常识,他们还谈论文学,每一次会面,他们都是那么的幸福快乐。巴顿和比常常勾画他们的未来,这样频繁的接触让两人对对方的了解更加深刻,他们已经成为彼此生活中不可分割的一部分。

在经过这段时间的相处,巴顿确定比阿特丽丝就是他生命中要寻找的那个伴侣,他们之间有着非常深厚的感情,他们彼此任、相互了解。巴顿想和比阿特丽丝一起建立家庭,一起生活。但是巴顿有些顾虑,因为比阿特丽丝在各方面都是很优秀的,她的家庭,她的人品,她的学识都是无可挑剔的。而他身为一名军人,意味着将随时为战争付出一切,他不能经常陪伴在妻子身边。能够成为一名出色的将军是他这一生中最大的心愿,他热爱他的事业,他也很爱比阿特丽丝,事业和比阿特丽丝任何一个他都无法割舍,他害怕自己给不了他深爱的人幸福。他彷徨了,巴顿立刻陷入了难以抉择的痛苦之中。

看到巴顿这样的茫然,父亲很清楚儿子心中所想的事。他告诉巴顿只要自己认为是对的就大胆地去做,去索取。如果一个士兵因为害怕死亡而拒绝上战场,那么他永远也感受不到战死沙场的壮美。凭空的想象是没有任何意义的,努力去做才是一个军人应有的表现。在父亲的鼓励下,巴顿终于鼓起勇气向比阿特丽丝表白了自己的爱意,希望可以娶她为妻。比阿特丽丝答应了巴顿的求婚。

也正是在这一年,24岁的巴顿从西点军校毕业了。军校生活的结束只是巴顿传奇一生的开始,他将为他的家族书写传奇,为美国书写传奇,为世界战争史书写传奇。

幸福的牵手

巴顿在西点军校学习时选择的兵种是骑兵，毕业之后因为成绩优异，他被分到了伊利诺伊州的"骁骑队"。为了自己能够有足够的能力参加工作，饥渴地汲取军事理论的养分。特别是克劳塞维茨的《战争论》，他更是认真、仔细的研读，理解其中的精髓，以便从中总结作战经验。他还在美国军事杂志上相继发表军事论文，在美国军界引起了广泛关注。他强调战争的决定因素不是武器，而是人心，因而，严格的管理，严格的训练是出城军队素质的主要原因。巴顿这些战争心得，在他后来的指挥中都有充分的体现。

一个夏天的时候，巴顿前往一个骑兵连的少尉。初到这里，巴顿的生活很乏味，也就是在这里巴顿结识了一位新朋友——乔治·凯特利特·马歇尔。马歇尔曾在西点担任过参谋的职务，对巴顿也是听过的。巴顿与马歇尔很谈得来，很快便就成了朋友。

凭借着自己的努力和实力，巴顿在部队中渐渐培养出自己的威，士兵非常拥护他。巴顿在部队中除了每天研究军事理论之外，他还给自己安排了丰富的休闲活动，旅游、打猎，参加一些富人举办的宴会都成为了他热衷的活动。开心之余，巴顿有的时候也会感到惆怅。其实他真正的快乐除了自我实现外，就是想娶比阿特丽丝为妻，这也是他一直以来的心愿。虽然之前比阿特丽丝答应了他的求婚，但是想要和比阿特丽丝结婚还要征得她家人的同意。比阿特丽丝在家中是最小的女儿，家里人一直非常宠爱她，巴顿有些担心艾尔不想让自己的女儿就这样嫁给一个军人。

为了说服艾尔,巴顿绞尽脑汁。他明白艾尔对自己还有些不任,因此巴顿必须要让他知道自己是能够给比阿特丽丝带来幸福的,并且是这个世界上唯一一个可以让比阿特丽丝幸福的人。坚定了自己的想法之后,巴顿找到了艾尔,很恭敬地向艾尔敬了一个军礼,然后很直接地说明了自己的来意。艾尔对巴顿的印象一直都还不错,现在看到眼前这个挺拔威武、彬彬有礼的军官更是多了几分欣赏。但是艾尔并没有表露出来,他很平静的坐在那里等待这个年轻人会以什么样的理由来赢得他的任。

巴顿深吸了一口气后,对艾尔说道:"说实在的,要我回答为什么要选择军人这个职业,这的确很难回答。我曾经想用华丽的辞藻去完美的诠释,但是我发现这是几乎不可能的。就我来说,成为一名军人是自然而然的事情。在和平时期和战争时期当兵是有不同的。我之所以接受后者,是因为它是达到前者的一种途径。我是知道军人的事业有多受限制的,但是,我坚,凡是有作为的人,首先,他必须是一位意志坚定的人。"

巴顿继续说道:"而这并不代表我的一生中只有我所渴望实现的理想、我的事业。我需要有一个人能够与我共同分享我的理想、我的事业。比就是我要找的这个人。现在的我或许不能让她过的很舒心,但是我有心会让她幸福。"

说完这些深藏在心中的话,巴顿感到非常轻松,他希望自己能够打动艾尔。艾尔沉默了一会,不知在想什么。但事实证明巴顿的目的达到了,他的一番话真切而诚恳。这样一个执著,又富有责任心的人,去哪里找呢? 艾尔会心地笑了。看到这样的表情,巴顿终于松了口气,他知道自己成功了。

艾尔答应了他们的婚事。在双方家人和好友的美好祝福下,巴顿和比阿特丽丝手牵手,走进圣约翰大教堂。婚礼结束后,他们又在艾尔家举行了隆重的晚宴。这一天对他们来说是人生中最美好的一天。

二战浪漫曲

婚后，两人去欧洲度蜜月，他们游览了英国乡村的如画风景，看过了普罗旺斯浪漫的熏衣草花海，度过了一段美好而温馨的时光。

巴顿的婚假结束了，两人坐船回到祖国，开始了忙碌而又充实的工作。这期间，巴顿除了常常会跟着士兵们一起演练之外，多数时间都是在军营中度过的，比阿特丽丝也选跟随巴顿来到军队中。军营里的条件比较艰苦，巴顿不忍心让妻子生活在这种环境之下，因为她出身名门，从没离开过舒适豪华的生活。不过比阿特丽丝却非常享受这样的生活。看来，爱情的力量是很伟大的。

或许正是因为有妻子在身边，让巴顿感受到了那份来自家的温暖，工作起来更加安心，整个人看起来也神采奕奕。此时的巴顿真的是非常幸福，所以他要更加努力工作，他在更多的时间用来研究在伦敦购买的军事书籍。通过读这些书，不但使巴顿学识增加，更重要的是增强了他的心，而他追寻梦想的欲望也更加强烈了。

对于巴顿来讲，1910 年应该是很特别的一个年头，妻子比阿特丽丝在这年秋天怀孕了，对于这个刚刚成立的家庭而言就是一个好消息。怀孕期间，比阿特丽丝比很少出门，在家专心翻译法国军事文章。比阿特丽丝对于这样艰苦单调的生活没有任何抱怨，在她的脸上流露出幸福的神情，这让巴顿既心疼又觉愧疚，他很清楚比阿特丽丝这样做完全是因为他。她忘掉了自己阔小姐的身份，她待人和蔼，对丈夫更是体贴有加。巴顿脾气很暴躁，有时会因为一些事粗鲁骂人，比阿特丽丝总是在他身边提醒他，渐渐地巴顿也变得谦逊温和，慢慢改掉自己的坏毛病。

有人说：一个男人在组建家庭之后会认识到自己肩上的那份责任，等到成为父亲时，才会真正的成熟起来。对巴顿来说也是一样的，在妻子怀孕的这段日子里，虽然军队的工作繁重，但是他对比阿特丽丝的照顾依然无微不至,他希望和比阿特丽丝一起共同迎接这个新生命的到来。几个月之后,他们的第一个孩子小比阿特丽丝诞生了。她很可爱,白白的皮肤,大大的眼睛,睡觉的时候还嘟哝着小嘴,十分惹人怜爱。她的降生加重了身为父亲的巴顿对家庭的责任感。同时,比也把更多的时间和感情放在了女儿身上。那个时候,仿佛这个小女孩就是他们的全部。

人生就像在建造一所房子。爱情、婚姻家庭、子女、事业就是建造这座房子的一砖一瓦。对巴顿来说也是一样的,他的人生正一步步趋近完整。初为人父的巴顿很幸福。他感受到了生命存在的意义,所以他更加珍惜眼前的这一切。

在女儿出生 9 个月之后,巴顿一家决定离开谢里登堡,来到一个叫迈尔堡的地方,这里是陆军参谋部所在地。来到这里,巴顿夫妇开始忙于各种社交活动。他们很快就在美国首都的高级社交圈中扬名,经常招待华盛顿的各界名流。当然这还要归功于他的妻子比阿特丽丝,在比阿特丽丝的帮助下,巴顿结识很多军方高层,并和他们成为了朋友,为巴顿打通了与军方高层的关系。

似乎巴顿天生就是为了战斗来到这个世上,他把战争看得像生命一样重要。可要想有用武之地,还需要一个可以尽显英雄本色的发展空间。但自从美西战争结束以后,就没有战争爆发。心有豪情万丈却无用武之地,巴顿的英雄梦想一时无法实现,他只能隐忍着,在等待中寻找机会。

不过这只是短暂的和平。美国和墨西哥之间的关系十分紧张。双方的矛盾渐渐激化。最终,美国国会通过"保护美国国民的权利和安全",并以此为借口,集结了 10 万大军,对墨西哥进行武装干涉。但是,事情并没有这样结束,以卡兰萨带领军队进行了推翻胡尔塔政权的武装斗争。美国总统威尔逊派兵强占了墨西哥,双方在韦腊克鲁斯发生了对峙。

这对渴望战争的巴顿来说是他一直以来都期盼的,他要求参战。但事与愿违,就在巴顿准备投入到战争中去的时候,胡尔塔政权瓦解,威尔逊总统只好撤回军队。巴顿的希望破灭了。

1914 年第一次世界大战爆发。听到一战爆发的消息,巴顿欣喜若狂,终于可以有驰骋疆场的机会了,他的理想就要实现了。为了能够参战,巴顿立刻给索米尔的在法国的老相识发了一个消息,希望能够让他在法军中谋个差事,然后希望自己能去欧洲参加战斗。然后又找东面军区的伍德司令询问是否可行。虽然这位老朋友对巴顿的这种心情很理解,但是因为巴顿没有实战经验也是爱莫能助。

参战的希望两次都落空,巴顿不免有些沮丧。妻子比阿特丽丝一直在他身旁鼓励他,劝慰他机会永远都是给有准备的人保留的,将来还会有机会的。巴顿很感谢妻子常常在他失意的时候安慰他、鼓励他,让他有勇气有心重新面对困境。

人的一生总是喜忧参半,谁也无法预料之后会发生什么。巴顿虽然未能如愿参战,但是也迎来了一个好消息,比阿特丽丝又怀孕了。为了让妻子顺利生下孩子,他将比阿特丽丝送到他父母那里,也好有个照看。在父母的照顾下,巴顿的这个孩子顺利降生,又是一个小姑娘。看着这个像瓷娃娃一般的婴儿,巴顿开玩笑地说,我的小女儿和她的妈妈一样的漂亮,就叫比阿特丽丝第二好了,比阿特丽丝看着幸福的巴顿,他们第二个女儿取名鲁斯·艾伦,这个可爱的小女儿出生使巴顿增加了战胜困难的心和勇气。

从现在的学校毕业后,巴顿又参加了升职的大考,并在此次考试中国取得了优异的成绩,之后他选择留在第八骑兵团服役。后又在马歇尔的帮助下,凭借自己的实力连连晋升。在这里巴顿本来也有参战的机会,就在感恩节的前一晚,总部发来消息称:夜晚可能会有 200 名墨西哥人偷袭布利斯堡。巴顿制订了一系列的反击计划,但是经过几番排兵布阵,战斗仍然没能打起来。巴顿最后只能回到布利斯堡,继续处理繁杂琐碎的公务。

巴顿似乎已经麻痹了,突然间意识到自己已经很长时间没和妻子见面了。为了和妻子团聚,巴顿将妻子接到布利斯堡。妻子来到这里之后,看到的是满眼的荒凉,这里人烟稀少,环境很差。她实在不忍心看丈夫在这种环境下工作,几乎每天都会哀求巴顿辞掉军职离开这里,回到华盛顿去。

而巴顿则不想就这样离开,于是他将两个女儿接来同住,比阿特丽丝见到女儿之后也只能尊重丈夫的选择了。

就像比曾经对巴顿说的那样:机会永远是给那些有准备的人保留的。1916 年,美国新墨西哥州哥伦布城遭遇袭击,潘兴率领部队出征墨西哥。巴顿觉得自己不能再错过这次机会了,于是他屡次找到潘兴,最终,潘兴答应了他的请求。

巴顿喜出望外将这个消息告诉了妻子,比阿特丽丝也很为他高兴,她知道丈夫等待这一刻已经很长时间了。虽然她很清楚战争是残酷的、危险的,也很担心丈夫的安危,但是比起这些她更为丈夫高兴。

很快,巴顿迎来了他人生的第一次"辉煌战役"。

不久,巴顿和带着不多的人去两个村子买了食物。在返回的途中,巴顿叫开车的人开到萨尔蒂约开去。巴顿的士兵包围了牧场,搜查了房子,并把道路全面封锁起来。恰巧卡兰萨的叔父就在家里,巴顿发现老人神情恍惚、举止不安,立刻感觉到卡兰萨可能就在附近。于是巴顿命人将卡兰萨的家包围起来。家里的几个老人和孩子对美国军的存在就像是空气一样,这引起了巴顿极大的怀疑。

突然,3 个武装人员出现在庭院当中,他们发现巴顿后,立即朝南面奔去。巴顿及时反应,举起手枪连发 5 弹。在激烈的拼搏之中,3 名武装人员全部身亡,巴顿带着 3 具尸体安全抵达回到营房。

潘兴对这次"胜利"相当满意,让他留下那些缴获的东西当纪念。巴顿留下了卡兰萨的马鞍,并把它作为礼物送给了自己的父亲,父亲收到礼物十分高兴,并迅速给巴顿回说:"儿子,你太棒了,我时刻以你为荣! 你是我们全家和整个国家的英雄! "

巴顿在墨西哥的作战故事被写在各种纸上,出版在各大报纸上,巴顿一夜之间成为了美国人民心中的英雄。这也为巴顿增添了心和勇气。他的家人,特别是父亲和妻子,尤为骄傲,是他们见证了巴顿的成功,是他们一直陪在巴顿身边鼓励他实现自己的理想。对于在战场上崭露头角的巴顿而言,这仅仅是一个开始。

潘兴的部队在不久后初撤回了美国,进行休息休整。从墨西哥归国后,巴顿再次过上了一如从前百无聊赖的生活。但是不同于以往的是他很清楚自己的方向,更确切地知道自己该如何去做。他知道实现自己理想的时机已经来临。

妻子比阿也清楚丈夫内心的想法,她知道这一次出征墨西哥对巴顿而言收获的不只是胜利,更主要的是巴顿思想上的蜕变和实际作战经验的丰富,这会让巴顿变得更加强大。她知道丈夫即将奔赴新的战场,而她能做的就是一如既往的支持他。

二战浪漫曲

这次出征墨西哥,巴顿给让潘兴留下了很铭记的感觉。潘兴给予了巴顿高度的赞赏,认为他是一位真正的勇士,是像匪徒一样勇敢的军人。潘兴是一位典型的骑兵军官,所以对同样是骑兵出身的巴顿器重有加。巴顿在西点军校期间就是一位优秀的骑兵,这让潘兴很是高兴。这时的潘兴正在组建师参谋部无色人选,毫无疑问,巴顿就在其中。

随后,潘兴担任美国远征军司令,在此期间,他把巴顿调到远征军在他的手下任职,巴顿就这样做了潘兴的副官。1917年5月下旬,潘兴、巴顿一行人动身前往欧洲。比阿特丽丝带着两个女儿和巴顿的父母前来送行,她望着巴顿,似乎有很多话想要对他说,但欲言又止始终没有说出口。巴顿知道妻子想要说什么,太多次的分别,他们已经无需做任何言语上的告别。巴顿走到妻子面前深情地拥住她,轻轻地说:"照顾好自己,等我回来!"。

到达法国后,巴顿很快投入到工作中去。巴顿在这里的负责的主要是管理传令兵、哨兵等一些事物,和之前在墨西哥的工作大同小异。但是这里的情况要相对糟糕的多。美军圣迪济训练基地的士兵们军纪涣散,军官们也都非常懒散。面对这样的状况,巴顿有些着急。就目前军队的状态根本上不了战场,即便是上了战场也是必败无疑。

身为一个军官,他绝对不允许自己的部下以这样的状态迎敌,巴顿暗下决心要将这支部队训练成一支出色的作战部队,但凭一己之力是很难改变目前的状况的,为此,他很是着急。在经过几次尝试之后士兵们依然没有任何改变,他也无能为力。他希望自己能尽快离开这个地方,到战场上冲锋陷阵。

巴顿来到法国后,每天都过得很"悠闲"。他非常想念自己的父亲母亲,想念两个可爱的女儿,想念妻子。所以一有时间他就会像以前一样寄去件通知阿特丽丝,告诉她现在的生活状况,自己的一些想法。诉说着对家人的思念。

这时的巴顿已晋升上尉,但是比起对家人的想念,巴顿感受不到任何的欣喜。他在中表示希望妻子能够带着两个女儿来法国,和他相聚。比阿特丽丝非常理解巴顿的心情,但美国远征军的规定繁多、要求严格,特别是在家属的问题上,规定军官的妻子是不能够在战时到法国的。出于这方面的顾虑,比阿特丽丝没有去法国。她写安慰巴顿:"一切都会好起来的!我们会再相见的,但不应该是现在。我们都在努力地做属于自己的事,上帝是不会忘记这一点的。"虽然巴顿有些失望,但是还是接受了妻子的意见。

发过有一个叫肖蒙的小城。在小城肖蒙附近,蕴含着大量的铁矿石。在第一次世界大战接受之前,肖蒙就是美国远征军的司令部驻地。随着时局的变化,潘兴的司令部迁到了此地。

巴顿在这里需要负责很多工作,但他却不那么悠然自得。这个职位对很多军官来说是一个"肥差",在潘兴面前当下属还算有前途,但是对于渴望冲上前线的巴顿来说却是毫无意义,巴顿觉得如果继续这样下去,他的斗志会被消磨殆尽。

真正的军人应该是战死在硝烟弥漫的战场上,而不是在后方养尊处优等着升职的机会,那对巴顿来说将是莫大的屈辱。为了不让自己消沉,他将注意力转移到了对武器的研究上,这或许是唯一的能够让他继续呆在训练营地的理由。就是在这段时间里巴顿对坦克产生浓厚的兴趣。

坦克这种武器是由英国人发明的，法国人后来也研究出了自己的坦克。英法两国的坦克有很多不同之处，英国生产的主要是重型坦克，法国生产的主要是轻型坦克。坦克第一次被运用到战场上作战是在，英军与德军的第一次索姆河战役中，借助坦克英军迅速击退了德军。

这个钢铁怪物具有很厚的钢铁装甲，外表看起来非常笨拙。但是却具有相当强悍的攻击力和防御力，几乎能够抵挡所有步兵武器的攻击。人们在面对这个庞然大物时，震惊之余更多的是好奇。英军在索姆河战役中取得的战绩让坦克名声也随之大振，各国纷纷开始对这种新型的武器进行研究。美国当时没有配备这种武器，所以想从英国买过来。

巴顿翻阅了大量有关坦克的书籍和资料，对这种新式武器都有了一定的了解。他看出坦克将是未来战场上一个非常重要的作战武器，能够起到至关重要的作用。当然随着坦克的广泛使用，将会出现一个新的兵种——坦克兵，他很有心自己能够很快适应这个新的兵种。从他这段时间对坦克的了解来看，运用轻型的就像指挥骑马的部队一样，巴顿具备了很多的经验和很好的进攻意识。所以只要美国组建坦克部队，他就有心成为一名出色的坦克军官，所欠缺的只是一个进行实践的机会。

获得实践的最有效方法就是到部队去，带领一支陆军或者带领一支坦克军。这是巴顿一直以来的一个愿望，如果继续留在训练基地就是在荒废自己的时间。巴顿决定下到部队中去，他向潘兴表明了这一想法，潘兴表示会考虑在适当的时候让巴顿下到部队中去。正在巴顿为自己终于能到前线部队而高兴时，一次突发的状况让巴顿的计划不得不暂时搁置，不巧的是，因为得了黄疸病，巴顿进了医院，与他在同一间病房的是福克斯·康纳上校。

他们对坦克兵的未来发展进行了探讨，康纳的一席话对巴顿的选择产生了一些影响。康纳认为：现有的例子并不能证明坦克的作战能力，英国在索姆河一战的胜利还不足以证明什么。的确,坦克具有很强的战斗力,但是广泛用于战场还是需要相当一段时间的研究和探索。康纳本人更加倾向于步兵,长久以来,步兵在战争中一直于是作战主力,无论战争怎样发展,步兵的地位还是无法代替的,所以就他个人来说他还是更倾向步兵。

巴顿也谈了自己的看法,就他对坦克的研究和了解,认为坦克也是非常具有发展前景的。他有些困惑了,不知自己是否应该坚持自己的想法。他需要有人帮助他拨开眼前的迷雾,他想到了妻子,如果她在身边至少可以帮他保持冷静。就在这时他想到了一个人,或许这个人能给他帮助,帮助他找到答案,这个人就是比阿特丽丝的父亲艾尔。

艾尔在马萨诸塞州是一位著名的纺织巨头,而且见多识广,巴顿很相他,于是,巴顿马上给艾尔写了一封,把自己的困惑告诉了艾尔,并忠心地希望艾尔能够帮他解惑。很快巴顿收到了艾尔的回复,艾尔的意见非常快也很中肯,他是一个爱好和平的人,他在回中这样说道:"我对于战争并不了解,我只是希望你能选择那些你认为对自己伤亡最小而对敌人打击最沉重的武器。"巴顿看完了回之后,最终决定选择坦克兵。不久后,巴顿找到了潘兴并表明自己决定组建坦克部队的想法。同时,他也相信自己能带领轻型的就能给敌人造成最大的损伤,把军队的伤亡降到最低,言辞十分的中肯。

巴顿在不久接到了新的任命:他被任命到刚刚建立的坦克部队任职。这一命令使得他彻夜难眠,思绪万千。他感到肩上的责任十分重大,这让他心里觉得很紧张。他知道自己将来的军事生涯离不开这种武器了。然而,这时,他对自己能否胜任这项任务开始担心起来,坦克的效能现在还没有得到验证,也不知道它是否能够经得住战争的考验。他清楚在战时由不得自己顾虑那么多,他凭借着自己对坦克的了解和研究以及自己平日里的积累指挥着这支坦克部队。事实证明巴顿确实是一位出色的指挥者,在战场上,他的坦克部队英勇善战。巴顿的这支坦克部队在这次参战中赢得不错的评价,巴顿也因此获得一枚分量很重的勋章。

让巴顿高兴的不只是获得了这枚奖章,更重要的这是对坦克部队的一个肯定。通过这次参战,他和坦克部队积累了丰富的经验,这是多少嘉奖也无法比拟的。

几天之后,巴顿接到了新的任命,远征指挥部确认要建立一个坦克学校,他们让巴顿当校长。这是一件非常幸运的事,但也困难重重。他随后写信给妻子,他告诉妻子自己现在的心情,他既惊喜又有些紧张,很高兴自己找到了努力的目标,像是重新活过来一样;但是他也有些忐忑,因为他即将要做的事情,是一个崭新的甚至可以说是一个有些空白的领域。前途是光明的,但是通向光明前途的道路却是需要极大信心和勇气的,他需要妻子的支持。

看到丈夫的来信,比阿特丽丝很了解巴顿现在的心情。在回信中她这样写道:"首先很高兴你找到了一个能够实现自我价值的机会。我很了解你现在的心情,我相信你会做得很好。我能感觉到你非常重视这个'新任务'。虽然这不是一场战役,但是对你而言却是具有同样意义的。希望你能够像在战场上那样英勇无畏,坚定信心和必胜的信念。"

妻子的鼓励让巴顿平静了许多,他也一直对自己说:"你是最好的!你一定会做得很好!你必须做得很好!"

如果说在索姆河战役中,坦克在战场上的表现还只是牛刀小试的话,那么在康布雷战役中,坦克就是大显身手了。

此战中,坦克用战果证明了它的实力,证明了坦克在军事武器中是具有不容忽视的地位。公众对它产生了极大的兴趣,尽管那些不熟悉坦克的

二战浪漫曲

人还很迷惑,甚至有些摸不着头脑,但这都阻止不了人们对这个新兴事物的浓厚兴趣。这种关注使巴顿十分开心,因为这不仅仅是一种荣誉,更是一个信号:坦克正在渐渐地被人们关注,人们想要了解它。

巴顿看到了坦克事业的发展前景,愈加坚定了自己的选择。

巴顿经常参观英国的坦克部队,并与 他们的军官商讨相关的战斗经验,就是为了可以必要的归纳出坦克方面的各种理论,更好的应对战争。在经过一段时间的努力后,巴顿有了更丰富的体验,巴顿就是在这一时期内积累了大量丰富的经验。

天有不测风云,人有旦夕祸福,事事总是难以预料。巴顿在在一次驱车前往巴黎的路上,不幸的事情从天而降。由于刹车意外失灵,巴顿所乘坐的汽车撞上了铁路栏杆,流血不止让巴顿几乎昏了过去,这可吓坏了随从士兵,他们立即把巴顿送到了纳伊的美军后方医院。

上天对这位斗士一般坚韧的军人还是非常眷顾的,很快巴顿就脱离了危险。他需要静养,但由于心里时刻牵挂着他的坦克部队、他的坦克,在伤势还未痊愈的情况下,巴顿就出院了。出院之后,他做的第一件事竟是在巴黎郊外的一个兵工厂待了整整一周的时间,他对坦克的各种细节进行了严密的观察,并从中产生了一些新的想法,这些想法被逐渐应用到了以后的战斗中。

返回肖蒙后,巴顿立刻讲坦克的各方面问题进行各种分析和回忆,进行总结和研究,并写成书面报告,对其进行了详细地描述。这份研究报告深远而具有实际意义,是巴顿对坦克进行研究以来,对其所学知识的概括总结。

创办一所坦克学校,需要具备各个方面的素质,不仅要了解坦克,还要熟悉坦克在战场上的新式战法;不仅仅要有丰富的知识,还要具备丰富的作战经验。很显然巴顿完全符合以上条件,但是在创建学校的过程中还存

二 战将帅的婚姻生活

在很多问题。不久,巴顿亲自前去朗格勒,为成立自己的坦克学校的军队作出必要的准备。

随着学校的创建,很多问题也相继浮出水面。第一个就是资金从哪里来?研发新的坦克需要大量的资金,美国政府虽然拨调过来一部分的经费,但是这些钱离预算的研究经费还远远不够,想要依靠政府的资金创建学校已经是不可能,但是这也是各项费用的来源。巴顿几次呈报上级,希望政府能够再批准一些经费,但最终也未能得到答复,巴顿只能另寻他法。

他联络了一些社会上的朋友,动用了一切他能够动用的人脉关系,筹集了一些资金。目前还能支撑一段时间,但是这毕竟只是暂时的应急之策,还需要寻求一个新的资金来源。思来想去都没有任何办法,最后他只能求助于他的妻子。但是这对巴顿来说确实有些难以启齿,他不知道该怎么开口。想了想巴顿只好写信给妻子,"为了我的坦克,请帮帮你亲爱的丈夫吧!"

比阿特丽丝在接到丈夫的来信后,立即回信给巴顿。表示将支持丈夫的做法,并且会迅速筹集资金帮助巴顿完成新式坦克的研发。

当然比阿特丽丝是没有这么多资金的,她去到父亲那里希望得到父亲的支持。她见到父亲之后,很认真地对父亲说:"我亲爱的爸爸,我们现在需要您的帮助!"看到眼前的女儿十分着急的样子,艾尔拉住比阿特丽丝的手让好坐下,叫她慢慢说。他一向都是最疼爱这个小女儿的,他不知发生了什么,但是女儿的样子看来是遇到了困难。

比阿特丽丝说道:"父亲,也许您在听完我接下来所说的会有些吃惊、不可思议。但是我希望您听我讲完。"艾尔认真地点了点头,示意她继续说下去。

比阿特丽丝接着说道:"巴顿他正在创建一所坦克学校,但是政府方面提供的资金并不充足，他遇到了困难。他已经想尽了各种办法，只是暂时得以继续维持学校。您知道的，坦克对他而言意味着一切，这所学校也倾注了他太多的心血。他一直为他的理想努力着，而现在能够帮助他实现理想的机会已经到来。他必须牢牢的把握住这次机会，如果因为一些完全能够克服的客观条件而错过的话，那么不仅他会抱憾一生，我也无法原谅自己。所以希望父亲你能够帮助我们，一起完成它。"

艾尔很认真地听完了女儿的话，起身走向女儿，慈祥地轻轻地摸着女儿的头，对她说道："这件事我已经有所耳闻，我很赞同他的做法。"

比阿特丽丝十分感谢父亲的理解和支持，离开了父亲的住所。比阿特丽丝回到家中准备行李，等到资金筹集完毕，她就会起身前往法国去到巴顿身边。比阿特丽丝将这里的情况告诉了巴顿，巴顿非常激动。他的坦克学校、他的坦克研发计划在资金问题上不存在任何的阻碍了，他也可以将全部心思放在坦克学校上了。更让他高兴的是，他的妻子也将来到他身边和他一起见证这个梦想的实现，现在他需要做的就是耐心的等待。

随后比阿特丽丝到达了朗格勒，来到了巴顿的身边。妻子的到来让巴顿看到了新的希望，一切都变得明朗。这是二人自华盛顿离别以来的第一次见面，在机场分别的那一幕场景仿佛就在眼前，分别的时间不是很长，但是发生了很大的变化。为了追求自己的理想，巴顿和比分开，今天他们为了理想再次相聚。

因为频繁的书信往来，二人对彼此的情况都非常了解，所以无论分开多长时间都不会有"陌生感"。见面之后，比阿特丽丝向巴顿简单地交代了有关资金的情况。她此次来解决资金是主要目的，另外她会一直待在这里直到坦克学校的筹建完成，她会尽自己所能帮助巴顿。

听过比阿特丽丝的计划之后，巴顿十分感动。一直以来比阿特丽丝给予他的太多太多，他一直心怀愧疚。他的妻子一直是一个通情达理的女性，在他人生关键的时刻，给予了他无限的支持和莫大的鼓励，让他有信心面对挫折和打击。妻子的这种爱，也是他成就事业的一个无形的动力。

巴顿很感谢妻子，感谢的话有一大堆，而这些感谢的言语始终藏在他的内心深处，没有说出口，事实上巴顿觉得这些话比起妻子为他做的实在太苍白。他感谢妻子的最好方法就是尽快完成坦克学校的筹建，这样才不枉妻子对他的支持。

带着妻子对他的这份希望和支持，巴顿投入到筹建学校的具体工作中。学校的校址选在了距朗格勒附近的地方。校址确定以后，巴顿开始访问英、法两国的坦克学校，学习经验。到了年末，最开始的坦克学员来了。

经过巴顿的一再请求，法国向坦克学校送来了 10 辆坦克。美国给坦克学校送来了 200 名新兵。这让巴顿欣喜若狂。在训练学员时，巴顿会亲身教授，向学员们讲解坦克的相关的各方面问题。巴顿还常常组织一些实战训练。在巴顿的规划下，坦克学校已经慢慢走上正轨，已初见成效。

比阿特丽丝看到工作中的巴顿是如此具有活力，也为丈夫感到高兴。现在坦克部队已经走向正规，都是丈夫努力的结果，一路上她一直陪在丈夫的身边，和他一起见证了这所学校创办的过程，就像见证他们的孩子成长一样，无比的欣喜和感动。

比阿特丽丝在这些日子里尽自己所能帮助巴顿，现在各方面也都进行得很顺利。为了能让丈夫安心工作，她决定回到美国去，两个女儿还等着母亲回去。而且艾尔夫妇最近的身体也不是很好，她必须尽快回到父母的身边。

分别对巴顿和比来说已经习以为常，虽然有很多的不舍，但在分别的时候，他们都是微笑着送对方离开，比常对巴顿说："这次的分别是为了下次更好的相聚。"妻子这样明事理,作为丈夫的巴顿又能说什么呢。

送走了比之后,巴顿将精力全部投入到坦克学校上,他本人对坦克学校可谓是劳心劳力,事必躬亲。在他的带领下,坦克学校已经成为一支军纪严明,训练刻苦的规范化部队,而巴顿自己也因为出色的工作表现被提升为中校。

然而就在巴顿忙于对这所学校的相关工作时,传来了一个不幸的消息,比阿特丽丝的父母相继离开了人世,这对比阿特丽丝来说是一个非常大的打击。巴顿得知这个消息之后,非常难过。他很担心比阿,恨不能马上飞到妻子身边,和她一起承担痛苦,巴顿试图抽出一些时间赶回美国。但是目前坦克学校的状况让巴顿根本无法脱身。

无奈之下,巴顿只好写信安慰妻子。"亲爱的,我知道你现在很痛苦!恨不能马上飞回你身边。我虽无法回到你的身边,分担你的悲伤,也请你不要独自难过。我相信他们是去到了主的身边,依然过着幸福的生活,并且会在天上为我们祝福。"

巴顿觉得很愧疚,在妻子最需要自己的时候不能陪着她。人都会有无可奈何的时候,比阿特丽丝很理解自己的丈夫,所以在给丈夫的回信中,她并没有责备丈夫,并且表现得很坚强,希望丈夫不要因为这件事影响他的工作情绪。

很快，美国远征军坦克旅已经初具规模，巴顿却说这不是一部分而已，他还有更厉害的杀手锏。

8月底，巴顿听到了一个新的消息：美国远征军第一次进行范围较大的单独进攻，届时，坦克兵已经作好了战斗准备。

这个消息让巴顿激动万分，他此前所做的一切就是为了这一刻而准备的。他将带领他的部队冲锋陷阵，感受只属于战争的那份壮怀激烈。

美国远征军进攻的号角在圣米那尔正式吹响，美国远征军的坦克部队和法军的一个坦克营作为一个整体，在巴顿统一指挥下，对主力部队的正面进攻进行支援。因为这是美国远征军的坦克部队第一次大规模作战，为了方便在战时的指挥，巴顿在战前就对战场的地貌特征做了详细的研究。

在这次战役中，巴顿的坦克部队损伤坦克约有170辆，但人数的伤亡并不多。这次战役并不激烈，但美国全国上下对于坦克部队的作战表现却十分满意，称赞他们就像是久经沙场的老兵，这让巴顿很是欣慰。

在圣米那尔战役之后，美国远征军将和法军联合进行阿拉贡战役，战役在很快的时间内开始了。这一天下起了大雾，虽然浓雾有利于坦克的隐蔽，但是也会给坦克的前进带来阻碍。美国远征军准备了很短时间，在浓雾的掩护下发起了进攻。

战斗打的很艰难，德军的防线很难突破。至上午9时，巴顿的坦克部队向前行驶了将近10英里。坦克部队对一个小镇发起了进攻。可是在路上却遭到了敌人炮火和机枪的顽强封锁,坦克部队试图反击,但是敌人的火力猛烈,除了坦克勉强能够前进外,步兵部队根本无法向前行进,只好退到铁路边的沟渠里隐蔽。

但是这样一直隐蔽就会使整个部队分散开来,为了激发士兵们的斗志,巴顿起身冲到地面上,隐蔽的士兵纷纷冲出斜坡跟随巴顿向前冲。但接下来的那一幕场景让人有些不寒而栗,许多士兵刚刚从斜坡中站起来随后便应声倒下,一动不动。巴顿看到这一幕时,也不由得倒吸一口冷气,战争何等的残酷。

但是身为指挥官的巴顿没有时间想太多,他的目标只有一个,那就是取得胜利,减少他的士兵的损伤。于是他再次发出指令:继续进攻。就在指令下发的那一刻,巴顿停住了脚步,脑子感觉到一阵眩晕随后便倒了下去,他中弹了。然而他没有离开战场,继续在战场上指挥着,但是由于失血过多,巴顿最后昏迷过去……

等到巴顿醒来时,发现自己已经在医院了。他醒来后第一句便是询问战事进展情况。得知他的坦克部队在这场战役中最终取得了胜利。巴顿非常高兴,他的付出没有白费,他的部下已经具备作战的能力,他为他的士兵感到骄傲。

虽然巴顿没能和他的部队作战到最后一刻,但是因为巴顿的指挥才赢得这场胜利,由此他晋升上校军衔。这一刻的巴顿是幸福的,他的理想正在一步步实现。他已经感受到了收获的喜悦,而此时此刻他最想念的就是他的妻子,如果比能够在他身边和他一起分享这份喜悦那么他会更加的骄傲。

他在信中写道:"亲爱的,我无法形容我现在的心情,那是一种抑制不住的喜悦。我想与你分享,让你和我一样感受这份快乐。我们的坦克部队在这次战役中取得了胜利,一场完完全全属于坦克部队的胜利。当然我们失去了很多战士，我很难过！这是我们必须要付出的付出，我和我坦克部队的所有士兵们将会怀念他们，永远的记住他们！对你，我的妻子，对你我感到亏欠。但是我更想说的还是'谢谢'。还有一个好消息要告诉你，战争结束后我将回到美国，期待你我相见的那一刻。"

比阿特丽丝收到丈夫的来信，十分激动，她为丈夫感到骄傲。他真的做到了，并且做得很好。她一直都很相信丈夫，在她的心中他也一直是一个好丈夫、好父亲。比阿特丽丝将看完的信工整的折好，装进信封，放在专门收藏她和巴顿书信的小匣子里面，她多么希望这是他们之间最后一封书信。

很快，第一次世界大战终于结束了。这一天是巴顿33周岁的生日，巴顿将启程回国和自己的亲人相聚。回到父母的身边，回到妻子的身边，回到女儿的身边，回到那个已经阔别两年的故土。然而巴顿此时的心情有些复杂，他一直是渴望战争的，同时他依然期望着和平。在战争宣告结束的那一刻巴顿的心顿时空了下来，有一些失落。但是现在对巴顿来说一切都没有回家来得重要。

1919年初，美国远征军坦克部队乘火车前往马赛，之后坐船回到美国。巴顿和他率领的坦克部队因为在战场上的英勇表现每到一处都受到了热烈的欢迎，这让巴顿非常骄傲。

经过一个月的航行，坦克部队终于抵达了纽约。当轮船靠岸的那一刻，所有将士都激动无比。他们的亲人都在热切的等待着他们的归来。巴顿也一样，他知道妻子和两个女儿已经在码头等待着他，他甚至想一下子冲出船舱飞奔到她们身边。

他已经离开美国两年之久，现在的美国是什么样子？会有怎样的变化？他的脑海中不停地闪现各种画面，他有些不敢想象。现在的心情是他在战场上完全没有的。终于舱门缓缓开启，这一刻所有将士沸腾了，他们欢呼着,相互拥抱,口中不停说着:"我回来了! 我回来了! "

码头上人群拥挤,但是心情却是一样的,这一天的美国写满了温暖,这一天的纽约充满了思念。巴顿也走向拥挤的人群,寻找着他熟悉的身影。他大声呼喊着:"比阿特丽丝! 比阿特丽丝! 我回来了,比阿特丽丝! "

他有些着急,恨不能自己飞起来,马上找出妻子。他有些慌乱,没有方向地穿梭在人群之中,有些士兵看到巴顿后,激动地和他拥抱、问好。他也热情地回以拥抱,并向他们的家人问好。就这样,他几乎和每一个人都拥抱过、问候过。

巴顿从人群中走出来,他却没能看到妻子的身影。就在这时巴顿听到了"爸爸,爸爸"的稚嫩呼喊声,他猛地一回头发现正是自己的两个女儿,他兴奋的不得了,丢掉自己手中的行李,紧紧地抱住两个女儿,发出孩子一般的笑声。就在这时他看见了那个他一直想念的人——比阿特丽丝。比阿特丽丝走近巴顿,轻轻地拥住父女三人,眼角泛着泪花微笑着对巴顿说:"欢迎你回来! "

巴顿望着妻子,拼命地点头:"是的,我回来了! "

回到美国后,巴顿接到的邀请一直源源不断,但是为了和家人多些相处的时间,他拒绝了这些邀请。他想和家人一起好好的在一起待上一段日子,他亏欠家人的太多太多了。在接下来一段时间里他一直陪着家人,和家人一起到郊外游玩,教两个女儿学习骑术,给她们讲坦克。和妻子女儿在一起,巴顿又重新感受到了来自家庭的那份温暖。他常常陪着妻子到户外散步,像他们刚认识时那样,一起骑马,一起欣赏文学著作。比阿特丽丝拿出自己在这两年来翻译的军事作品给巴顿看,巴顿再做出专业的修改。之前夫妻二人就曾经合作发表过军事著作,引起了广泛的关注,这次他们的合作更加默契。

巴顿每天都感受着家庭的温暖,他现在很幸福,精神状态也非常好。他有时会觉得,如果再继续这样下去,他会忘记自己最向往的战场和自己的坦克部队。

但是他是一名军人,军人终究还是属于战场的。巴顿接到了新的命令,他和坦克部队即将被调往马里兰州,这是一战后美国专门为坦克部队开设的军营。

接到调令,巴顿必须随部队赶往马里兰州等待新的任务。他对家人有些不舍,当然很幸运的是他依然在美国,他和家人可以经常见面。

到了出发的时间了,前来接巴顿的车已经在外面等候。妻子已经忙碌了一个早晨,做好早餐,准备好行李。巴顿也是早早就起来准备。巴顿同妻子和两个女儿一起吃过早餐后,和家人告别,动身前往马里兰州。

天命之年重回战场

当和平之花在世界各地悄然绽放时，美国人就是否应保持一支规模庞大的军队而展开了激烈的辩论。保守派向来不赞成美国不断地扩充军队，于是拼命的反对威尔逊总统的计划，希望能大规模地裁减军队。这对巴顿，对每个军人来说，都是一个沉重的打击，不知道自己接下来的命运会是如何。陆军受到了和平观念的巨大影响，巴顿也被降为上尉，大部分军官都未能幸免于难。

幸运的是，只是过了一天，巴顿又重新晋升为上校。但是巴顿的日子也并不好过，由于军备经费的减少，坦克部队的正常训练也受到了阻碍，每天也只有极短的时间能运作。

巴顿没有因此而感觉受挫，仍旧以很大的激情在前进着。现在的这种局面已经无法改变，只能自己寻求新的解决办法，于是他同一些军官开始转入研究如何改进坦克装备。

首先要改进的便是坦克的通讯功能，因为此前的坦克在战场上没办法同指挥官迅速取得联系接受指示，这就给作战带来了很大的困难。

经过深入研究和反复的试验后，他把通信设备装配到坦克上，但是通讯信号的接收往往会受到坦克的金属外壳的影响。

"只要功夫深，铁杵磨成绣花针"，无论多大的困难都是有希望解决的。就在巴顿为之烦恼的时候，沃尔特·克里斯蒂的出现，解决了这一难题。

新型坦克改进成功之后，巴顿专门举办了一次军事演习。就在演习表演那天,巴顿的妻子也专门赶来为他打气。巴顿夫人打扮得很亮丽,陪同巴顿一起观看表演,还为将军们精心准备了精美的食物。

演习表演正式开始,巴顿向到场的将军们进行了很短的讲述,指出了新型坦克的种种优势,并希望在场的观众能够和他一起感受一下改装之后的新型坦克,但是没人响应。巴顿只好转向妻子,比阿特丽丝优雅地起身,表示很乐意为他效劳。在巴顿的带领下,比阿特丽丝坐上了坦克。

因为巴顿的关系,比阿特丽丝对坦克也是十分了解,她很熟练地开动了坦克,体验着改进后的新型坦克的各项功能。巴顿在一旁看着妻子很是骄傲,他相信在不久的将来,经自己改装的新型坦克会在战场上大显神通。

虽然巴顿很努力地研究、改进坦克,希望可以通过这个办法赢得国会对坦克部队的好感。但是他的这次演习表演并没能让前来观看的将军们对坦克的认识有任何改变。一段时间后,国会仍然坚持撤销了坦克兵种,这对巴顿无疑是一个天大的噩耗,可以说坦克部队是他一手经营起来的,他为此付出了太多的心血,时至今日这支部队已经具备了独立作战的能力,但现在却要被取消,这让巴顿很是为此难过。他通过各种渠道动用自己所有的人脉关系,希望能够有所转机,但都无济于事。最后,巴顿只能选择回到骑兵部队。

巴顿回到了他熟悉的骑兵部队,回到了迈尔堡。一呆就是七八年,他也先后经历多次调任,但都没有离开过这里。

虽然在这里的生活与在坦克部队的生活难以相比,但是在这里,巴顿和比、和他的家人在一起,这或许是最令巴顿感到高兴的一件事了。

在这里,巴顿迷上了马球,他的球技很高。但是对于巴顿来说,这些只是他打发时间的活动而已。在经过一场残酷的战争之后,尤其是当他看见倒在战车下的士兵们,他更加珍爱现有的一切,对妻子的爱就更不用说了,夫妻两的感情也因为战争而不断地加深。

不久后,巴顿被派往的参谋学院学习。时光如梭,转眼圣诞节将至,就在圣诞节的前夕,家中传来一个好消息,他的妻子比阿特丽丝给他生了一个胖小子。听到这个消息后,平时很严肃的巴顿开心地跳了起来,像一个顽皮的孩子一样。他知道以后的责任更重了,这也是他更加努力的动力。

功夫不负有心人,勤奋终究有了回报。他以优异的升级被评为荣誉学生,之后就被分配到参谋团工作。

巴顿在这里的生活很悠闲,除了处理一些部队中的事务和学习之外,余下的时间就是广交朋友。他很快结识了当地一些富有的、名声显赫的家族,私下往来密切。比阿特丽丝也常常来这里探望巴顿,一起参加一些聚会。

巴顿很久后被调回华盛顿,他在骑兵部队中担任参谋一职,然而巴顿又面临着新的考验。随着科技的发展和进步,新式武器的出现带动了战争节奏的加快。此前骑兵是战场上重要的作战力量,但如今已经无法适应战争,骑兵处在一种很尴尬的境地之中。

巴顿认识到了这一点,所以也非常为难。他自己是骑兵出身,但在后来又亲手打造了美国的坦克部队,他很清楚坦克在战场上的威力是骑兵无法企及的。

比阿特丽丝看到丈夫这样的痛苦,心里也很着急,她不知该怎样安慰他。为了缓解一下巴顿的烦躁心情,比阿特丽丝在一个乡村买了农庄当作新的住宅。听到这个名字便可以感受到此地空气的清新,环境的宜人。

在自己的任职期满之后,巴顿便回到了这个优美的地方,开始自己的假期。舒适的环境让巴顿很快就放松了心情,他和妻子常在周围散步,和孩子们在户外玩耍野餐。看到丈夫能这样开心,比很感动,希望丈夫能一直这样开心,这也是她对丈夫最美好的祝愿。

在这里呆了一段时间后,巴顿到华盛顿的陆军大学继续学习进修。巴顿于在一段时间后前往夏威夷任职。

　　巴顿很高兴能够再次来到夏威夷工作,但是他所从事的工作仍是和之前一样,这让巴顿有些困惑,作为军人来说这并非是一件好事。他感到前景一片渺茫,自己已经年过半百虽然取得了一定的成就,但是仍然这样不疼不痒地生活着。巴顿渐渐变得消沉,脾气变得有些暴躁。甚至开始考虑离开部队。

　　对于巴顿的这种变化,妻子和孩子都难以接受,更多的还是心疼。妻子和孩子常常劝诫他、安慰他,但是巴顿都是以强硬的态度回绝了家人的关心。比阿特丽丝了解丈夫的心理,所以无论丈夫怎样发脾气她仍然像从前一样,安慰他、理解他。她相信丈夫只是一时之间陷入了困惑,他也需要时间,总有一天他会调整好自己。

　　比阿特丽丝的坚持是对的,巴顿等到了新的机会。命运就是这样,将你推到一个没有退路的墙角,就在你无路可走时,眼前就会出现一个新的出口,让你重新找到一个新的方向。

　　之后,巴顿被调任到德克萨斯州的一个骑兵团任团长。通过在这里的一段工作,巴顿清醒地认识到骑兵的辉煌已经成为过去,那些曾经光辉的战绩已经成为历史,只能铭记绝不能沉湎。

　　为了增加美国的军事实力,马歇尔准备建立一支装甲部队。巴顿被委任为装甲旅旅长,参加组建工作。这次调动完全改变了巴顿的生活,他将永远离开骑兵部队再次投入到自己钟爱的坦克事业中去。

　　巴顿凭借着自己在坦克方面多年的研究和了解,很快便制定了创建计划,在他的带领下坦克旅组建顺利完成。此后不久,巴顿就升任陆军准将,并且执掌编号第二的装甲师。

　　为了庆祝装甲部队的顺利组建, 巴顿还专门举行一次大型的阅兵式,一方面可以鼓舞士气,还可以向美国人民展现装甲部队的风采。比阿看到丈夫重现昔日的神采,感到非常开心,她还特地为丈夫谱写了一首阅兵进行曲。巴顿和装甲部队名扬国内外,很多人都都表示对这支部队很有信心。

为了提高部队的整体实力,巴顿开始认真研究制定训练计划,带领部队参加实战演习。这支装甲部队在巴顿的带领下渐渐地走向成熟,在各方面都日渐成熟。

1939 年,第二次世界大战爆发。之后,日本人偷袭了美国重要军事基地珍珠港,第二次世界大战全面爆发。

得知珍珠港遭到日军偷袭之后,巴顿很是气愤。他希望自己能够尽快奔赴战场,但是就在这时巴顿接到新的命令:将一个沙漠战训练基地建立在美国一个叫里弗宾德的地方,目的是为遏制德军隆美尔在中东的行动做准备。

巴顿很快动身前往里弗宾德。年过半百的他再次与妻子告别。这次不同于此前的每一次分别,比阿特丽丝的眼神中写满了不安,她知道丈夫身经百战、无所畏惧,但是此时的巴顿毕竟不再年轻,工作环境又是那样的恶劣,她真不知道丈夫能不能吃得消。比也很清楚任何人也都阻止不了他,她只能为丈夫祈祷,希望一切顺利。

作为丈夫巴顿又怎能不清楚妻子的内心,他轻轻地拥住比阿特丽丝,对她说:"请不要为我担心,你应该为我高兴。到现在我还在从事着我喜欢的事业。"

"我曾经说过'我希望当战争结束后,最后一发子弹射在我的头上。'如果真是那样我将没有遗憾,你也非常认同。而现在我不是奔赴战场,等待那最后一颗子弹,所以你不必感到不安。如果那一刻真的来临,我希望你能微笑着送我走,那样我会更幸福。"巴顿很平静,像是时刻准备好了那一刻的来临。

听完丈夫的话,比阿特丽丝有些难过,但是仍然拼命地点头:"我会的!我会的!"

离别妻子,巴顿心情有些复杂,但是眼神依然坚毅。他知道自己的职责所在,他已经准备好了要做一番大事业。

在巴顿的精心策划下,沙漠战训练开始了。为了保证训练取得明显实效,巴顿给部队制订了"魔鬼式的训练"计划。每天天不亮就起床,进行了一些列非常严格的体育锻炼。然后便是战术操练和实弹演习,甚至有时在夜里也不能放松。

巴顿不愧是军人,在任何环境下都有很强的生存能力,无所畏惧。为了检查军事行动的详细情况,凡事都会仔细过问,军营中随处可见他的身影。

为了能更好地适应当地作战情况,巴顿对装甲部队的作战方式很多方面都做了很大的改进。在他的努力下,坦克部队首次使用无线电和司令部取得联系,并出色地完成了任务;在巴顿的指挥下,还进行了坦克的群体作战实践;巴顿还发明了一种坦克修复的战车,在战争中第一时间修复受伤的坦克。

终于,出征的时机到了,1942 年中旬,巴顿被马歇尔召回华盛顿,命他负责美军西线特遣队在北非登陆的工作。经过近两个月的训练和演习准备,"火炬"计划正式实施。

巴顿回到华盛顿有一段时间了,都没能抽出时间和家人见面。出征的日期已经确定,巴顿希望在离开美国之前,能够和家人见上一面。巴顿的小儿子和他一样对军人充满了向往,选择了就读西点军校,希望能像自己的父亲那样成为一名出色的军人。

在巴顿的心中,将这次相见当成是最后的分别,他不敢回去见妻子。他叮嘱儿子要坚定自己的理想,将来在战场上实现自己的价值。要他照顾好妈妈。巴顿没有回家看望妻子,因为他不想让她担心。

虽然巴顿对此次战争很有信心,表面上看去充满了热情。但他的内心却很复杂,此次远征充满了难以预料的风险,一切都在未定之中。

最后的时光

这是战争关键的一年,诺曼底登陆是盟军在"二战"的西线战场上发动的一次大规模作战。很快,巴顿接到命令,将自己的第3集团军向英国东南方向进发,准备作为主要力量,一举进攻。

经过一段"漫长的等待"后,巴顿终于可以有机会出现在欧洲西线战场上了。

两个月后,巴顿的第3集团军已经完全独立作战。

经过精心筹划下,盟军大规模进攻行动终于开始了。在两维将领额陪同下,巴顿来到了前线视察情况。大雨过后的战场十分适合作战,巴顿下令,随时准备出发。过了一会,天气渐渐放晴,巴顿一声令下,战斗正式打响,地面上数百门大炮同时向敌阵地发起猛攻,天空中数百架银色的轰炸机呼啸而过,对敌军发起了猛烈的攻击。霎时战火全面点燃,战场上一片轰鸣。

攻克梅斯虽然意义不大,但这是很久以来这里第一次被强行攻占。这对第3集团军或者是任何一支部队来说都是值得引以为傲的!

收获是要留给不辞辛苦播种的人,在一个多月的战斗中,巴顿用实际行动证明了自己部队的实力,大挫德军。

随着美军的节节胜利,欧洲战场的形势也日趋明朗。1945年1月中旬,围歼德军的时机到来了。第3集团军兵分两路向乌法利兹推进,并取得了乌法利兹战役的胜利。一周后,美军占领了圣维特。4天后,随着第3集团军的主力抵达乌尔河,阿登战役以盟军的胜利而告终。

长时间的征战让许多士兵已经很疲惫了,而且特别的思念家乡,他们多想快一点结束战斗,好与家人团圆。这种心情越是在接近战争结束的时候就越浓。终于,希望的曙光就要升起了。不久,巴顿所指挥的第3集团军很快就能结束战斗了,因为此时离德军宣布无条件投降的日子已经不远了。

喜悦之中巴顿却是倍感落寞,战争就这样结束了。巴顿整个人就好像灵魂被瞬间抽离,只剩下悲伤的躯壳。

1945年5月7日,在盟军的最高指挥所里,德国代表团签署了无条件投降书。至此,第二次世界大战结束了,盟军取得胜利!

巴顿在战争结束后回到了家乡,回到了那座美丽的农庄。比阿特丽丝早已等候在这里,见到妻子的那一刻,巴顿喜极而泣,这时的巴顿就是一位普通的老人,一位和蔼慈祥的普通老人。无论他曾经取得过多么骄人的成绩,无论他曾经在战场上多么英勇,在这一刻都与这位老人无关,那些只是他人生中的一部分,一个无法忘怀的回忆。

在这座漂亮的农村里, 巴顿和妻子常常相偎坐在院子中的长椅上,互相依偎,看着夕阳西下,看着月亮爬上树梢。这是巴顿从没享受过的宁静生活,妻子看着身边的丈夫心中常常会涌动一股暖流,备感欣慰。每当这时她都会默默的感谢上帝,感谢上帝将她的丈夫平安的带回她的身边,这样平凡的生活,对她来说是上天赐给她的最好礼物。

很快,巴顿外出办事,在驱车途中不幸的事发生了。在曼海姆附近,巴顿所乘坐的车子和一辆军队的大卡车相撞,在这次交通事故中,巴顿的颈部受了重伤,随即被送往医院。巴顿的意识模糊,用极其微弱的声音不断的呼唤着妻子的名字:"比阿……比阿。"部下立即通知了比阿特丽丝,比阿特丽丝收到消息后立即赶往医院。她不敢想象发生了什么,她脑海中闪现出很多曾经的画面,从他们第一次见面,第一次约会,第一封书信,第一次表白到携手走进教堂，第一个孩子的降生到现在他们能够像所有夫妻那样享受家庭的温馨，生活的美好。一切是那样的美好，还有很多事还没来得及做。

不！她绝不允许丈夫出事。不会的，巴顿是不会有事，现在的她只能这样想。望着病床上昏睡的丈夫，比阿特丽丝心里很难过，她握住丈夫的手轻轻地回忆起他们的曾经，细数着每个幸福的瞬间。

比阿特丽丝不分昼夜地守在丈夫身边，一直不肯休息，希望丈夫能在醒来的第一时间看到她。昏睡了两天两夜的巴顿终于醒来了，他显得有些疲倦，气息仍然很微弱，他看到陪在身边的妻子，嘴角微微上扬，他对妻子说："很抱歉，又让你担心了。"

看到丈夫依然能够再次用这样温柔、略带愧疚的语气和自己说话，比阿特丽丝的泪水再也忍不住了，她强忍泪水对丈夫说道："事实上，我害怕极了，怕再也见不到你，感谢上帝让你醒过来。感谢上帝！"

巴顿看着妻子，他第一次看到比阿特丽丝如此不知所措的模样，看的他有些难过，他竟不知道妻子是如此的脆弱，一直以来都是妻子在照顾他，鼓励他。此刻他才是比能够坚强的动力，他拥住比，轻轻地吻了一下比阿特丽丝的额头，安慰妻子说："我已经没事了，我很好。"

比阿特丽丝看到巴顿这样也渐渐地安下心来。巴顿醒来之后意识一直都很清醒，没有出现任何的异常现象。虽然一切很正常，但是巴顿隐隐感到自己的时间已经不多，他没有告诉任何人，不希望妻子为他担心，他想让比能够和他快乐地过完这一段日子。

比阿特丽丝在这段时间里和巴顿形影不离，她从家里来的时候带来很多书，都是巴顿非常喜欢的。一有时间便念给他听，有时他们还就书中的一些观点进行讨论。

时间一分一秒地过，巴顿感觉到生命已经走到了尽头。12 月 21 日这天，巴顿早早地就起来，他告诉比自己做了一个梦，一个很奇怪的梦。他梦见他又重新回到了坦克部队，但是梦中的世界已经没有了战争，人们生活在和平的世界，坦克部队成了完全供人们参观的部队。

说到这里，巴顿眼神有些散乱，接下来用很小的声音不停地重复一句话，"这里已经不再需要我了"，像是自言自语，又像是在对妻子说。"

比阿特丽丝不知丈夫为什么会这样，轻声安慰着他："但我们依然需要你。人们也会永远记住你，历史会记住你。"或许是听到了妻子的话语，巴顿安静了，躺下身渐渐入睡。

这天下午，巴顿长眠于妻子的怀里。医护人员赶到时，巴顿已经停止了呼吸。他走得很平静，很安详。比阿特丽丝握着丈夫的手，深情地望着丈夫，她眼中没有哭泣，巴顿曾经对她说过，如果有一天他真的离开了她，不希望看到她流泪，希望她能微笑着送他离开。她知道丈夫是为战争而生，他不属于任何人，只属于战争，当战争结束时，他的使命也随之完成。所以比阿特丽丝一直很安静，和丈夫做着最后的告别。

巴顿身后的一些事全权由比阿特丽丝一手操办，在巴顿的墓碑上只有简单的两行字：乔治·史密斯·巴顿。第3集团军上将。没有任何墓志铭，看上去就只是一座再简单不过的坟墓。

此后，比阿特丽丝对巴顿的一些资料进行整理编辑成册，出版了《我所知道的战争——巴顿将军回忆录》。书中描写了巴顿传奇的一生。

1954年，比阿特丽丝死于一次事故，她走的时候面带笑容，或许是在天堂看见了自己的丈夫。在比阿特丽丝去世之后，儿女们将母亲和父亲合葬在一起，这也是母亲生前的愿望。

巴顿和比阿特丽丝之间的故事到这里正式画上了句号，可以说他们的结合没有阻碍，没有那样的刻骨铭心，再平凡不过，但这已经足够了。